时间，都去哪儿了

小米 编

北方联合出版传媒（集团）股份有限公司
万卷出版公司

图书在版编目（CIP）数据

时间都去哪儿了 / 小米编. -- 沈阳：万卷出版公司, 2014.5
（真情树）
ISBN 978-7-5470-2609-0

Ⅰ. ①时… Ⅱ. ①小… Ⅲ. ①散文集－中国－当代 Ⅳ. ①I267

中国版本图书馆CIP数据核字(2014)第064992号

出版发行：北方联合出版传媒（集团）股份有限公司
万卷出版公司
（地址：沈阳市和平区十一纬路29号 邮编：110003）
印 刷 者：北京市通州鑫欣印刷厂
经 销 者：全国新华书店
幅面尺寸：145mm×210mm
字　　数：130千字
印　　张：6.5
出版时间：2014年 5 月第1版
印刷时间：2014年 5 月第1次印刷
责任编辑：张鸿艳
封面设计：佳　艺
版式设计：佳　艺
ISBN 978-7-5470-2609-0
定　　价：25.00元

联系电话：024-23284090
邮购热线：024-23284050
传　　真：024-23284521
E-mail：wanrongbook@163.com
网　　址：http：//www.chinavpc.com

Contents

目录

Secret

Title/ 未捅破的秘密

Author/ 马德

那一刻，我的心里突然间涌动着一种从来没有过的异样感觉，后来我知道，那叫幸福。

父亲是个搓澡工。

我已经很大了，也没有人喊我的大名，只是说，他啊，是搓澡工家的小子，学习不赖。即便是在夸我，我也会远远地走开。

记得有一年夏天的晚上，我在用水冲凉澡，父亲说：“小子，来，我给你搓搓背！”

我不冷不热地说：“你给别人搓去吧，我用不着你搓。”说完后，我把剩余的水一下子兜头浇下来，一转身，就进屋去了。黑暗中，只剩下父亲一个人，呆呆地站在那里。

我为有这样一个父亲而感到丢脸。

上初中的时候，语文老师曾经出过一个《我的父亲》的作文题目，同学们都写了很多。整整一节课，我却只写了几行字，我不知道怎么去写这个每星期都到城里为人家搓澡的父亲。语文老师问我的作文为什么仅仅写了那么几行字，我始终沉默着，一句话也不说。这样的父亲，没什么可写的。

然而，没有料到的是，我快上高中的时候，父亲便不再去城里了。隐约听他说，好像要和别人一块儿去做买卖，便辞去了为别人搓澡的活儿。我说不出是高兴，还是解脱，总之似乎一下子轻松了许多。其实，父亲还不知道，我原本不打算去上高中了，因为高中就在城里，我不想让同学们知道我是搓澡工的儿子，更怕哪一天，突然在大街上看到他。既然他不去了，我便开始筹划上高中的事情。报到的那一天，父亲说，我去送送你吧，我说不用了，父亲便不作声，默默地在一边帮我拾掇行李。就在我跨上自行车的那一刻，他一下抓住车把，颇有些坚决地说："你没出过门，还是让我送你去吧。"我一口回绝了父亲，连头也没回就走了。父亲一个人，在坡上望了我许久。

上高中的那一段日子是快乐的。父亲终于不再是一个搓澡工了，每次月末回家的时候，我都会看到父亲和母亲在家里等我回来。我兴高采烈地给他们讲学校里发生的事情，看得出来，父母也为我在学校取得的成绩而自豪着。

上高三的那年冬天，有一天我回到家已经很晚了，只有母亲一个人在家。我问，父亲呢？母亲说，出去好几天了，还没

有回来，我便有些怅然。睡到后半夜的时候，听到院里沉闷的咳嗽声，是父亲回来了。父亲的棉帽子上挂着白白的霜，像圣诞老人一样。推门进来，他便笑眯眯地冲着我说：“小子，看，给你买来了啥。”说完后，父亲便从挎包里倒出几本书来，我一看，竟然是一整套的《高中各科复习综合训练》，我翻着崭新的书，心里有说不出的高兴。

父亲抚摸着我的头，不断地重复着：“好好学吧，好好学吧。”

那一刻，我的心里突然间涌动着一种从来没有过的异样感觉，后来我知道，那叫幸福。

高中毕业后，我考上了大学。然后，又分配到另一座城市。一次，我见到了读初中时的语文老师。他说：“你还不知道吧，你父亲为你付出了多少。”见我愣在那里，他接着说，“那年，我把你那次作文课的情况告诉你父亲后，他便以做买卖为名，偷偷地躲着你和别人，到邻县的澡堂里搓澡去了。为了不让你知道，估摸你什么时候回家，他就提前等在家里，就连你们村里的人，也不知道你父亲那几年到底在忙什么……”

此后，我理解了父亲，也知道了我的虚荣给父亲带来了什么。是的，父亲没有别的手艺，为了养家口，他有的只是劳作和承受。

后来，我一直没有问过父亲这件事，我不想把它捅破，我想珍藏起来，用一生的时间去体味其中的辛酸。前些日子，我洗澡，父亲正坐在沙发上看电视，我说：“爸爸，给我搓搓背吧。”

就在父亲给我搓背的那一刹那，不知怎的，我竟哭了，而父亲也泪流满面……

To love and to be loved
is the greatest happiness of
existence.

Suspect

Title/ 有一种爱是不能被猜疑的

Author/ 佚名

他边说边拎起麻袋就倒，老人来不及阻挡，口袋里的东西全倒了出来。顿时，所有的人都愣了。

他是个抢劫犯，入狱一年了，从来没人看过他。

眼看别的犯人隔三差五就有人来探监，送来各种好吃的，他眼馋，就给父母写信，让他们来，也不为好吃的，就是想他们。

在无数封信石沉大海后，他明白了，父母抛弃了他。伤心和绝望之余，他又写了一封信，说如果父母再不来，他们将永远失去他这个儿子。这不是说气话，几个重刑犯拉他一起越狱不是一两天了，他只是一直下不了决心，现在反正是爹不亲娘不爱、赤条条无牵挂了，也就没有什么好担心的了。

这天天气特别冷，他正和几个“秃瓢”密谋越狱，忽然，有人喊道：“有人来看你！”会是谁呢？进探监室一看，他呆了，是妈妈！一年不见，妈妈变得都认不出来了，才五十开外的人，头发全白了，腰弯得像虾米，人瘦得不成形，衣裳破破烂烂，一双脚竟然光着，满是污垢和血迹，身旁还放着两只破麻布口袋。

娘儿俩对视着，没等他开口，老人浑浊的眼泪就流出来了。老人边抹眼泪，边说：“娃儿，信我收到了，别怪爸妈狠心，实在是抽不开身啊，你爸……又病了，我要服侍他，再说路又远……”

这时，指导员端了一大碗热气腾腾的鸡蛋面进来了，热情地说：“大娘，吃口面再谈。”

老人忙站起身，手在身上使劲地擦着：“使不得……使不得。”

指导员把碗塞到老人的手中，笑着说：“我娘也就您这个岁数了，娘吃儿子一碗面不应该吗？”

老人不再说话，低下头呼啦呼啦吃起来，吃得是那个快那个香啊，好像多少天没吃饭一样。

等老人吃完了，儿子看着妈妈那双又红又肿、裂了许多血口的脚，忍不住问：“妈，你的脚怎么了？鞋呢？”

还没等老人回答，指导员冷冷地接过话：“是步行来的，鞋早磨破了。”

步行？从家到这儿有三四百里路，而且很长一段是山路！他慢慢蹲下身，轻轻抚着那双不成形的脚：“妈，你怎么不坐车啊？怎么不买双鞋啊？”

老人缩起脚，装着不在意地说："坐什么车啊，走路挺好的，唉，今年闹猪瘟，家里的几头猪全死了，天又干旱，庄稼收成不好，还有你爸……看病……花了好多钱……你爸身子好的话，我们早来看你了，你别怪爸妈。"

指导员擦了擦眼泪，悄悄退了出去。儿子低着头问："爸的身子好些了吗？"

他等了半天不见回答，头一抬，见妈妈正在擦眼泪，嘴里却说："沙子迷眼了，你问你爸？噢，他快好了……他让我告诉你，别牵挂他，好好改造。"

探监时间结束了，指导员进来，手里抓着一大把票子，说："大娘，这是我们几个管教人员的一点心意，您可不能光着脚走回去了，不然，您儿子还不心疼死啊！"

老人双手直摇，说："这哪成啊，娃儿在你这里，已够你操心的了，我再要你钱，不是折我的寿吗？"

指导员声音颤抖着说："做儿子的，不能让你享福，反而让老人担惊受怕，让您光脚走几百里路来这儿，如果再光脚走回去，这个儿子还算个人吗？"

他撑不住了，声音嘶哑地喊道："妈！"就再也发不出声了。此时窗外也是泣声一片，那是指导员喊来旁观的劳改犯们发出的。

这时，有个狱警进了屋，故作轻松地说："别哭了，妈妈来看儿子是喜事啊，应该笑才对，让我看看大娘带了什么好吃的。"他边说边拎起麻袋就倒，老人来不及阻挡，口袋里的东西全倒了出来。顿时，所有的人都愣了。

第一只口袋倒出的，全是馒头、面饼什么的，四分五裂，硬如石头，而且个个不同。不用说，这是妈妈一路乞讨来的。她窘极了，双手揪着衣角，喃喃地说：“娃，别怪妈做这下作事，家里实在拿不出什么东西……”

他像没听见似的，直勾勾地盯住第二只麻袋里倒出的东西，那是——一个骨灰盒！他呆呆地问：“妈，这是什么？”

老人神色慌张起来，伸手要抱那个骨灰盒：“没……没什么……”

他发疯般抢了过来，浑身颤抖：“妈，这是什么？！”

老人无力地坐了下去，花白的头发剧烈地颤抖着。好半天，她才吃力地说：“那是……你爸！为了攒钱来看你，他没日没夜地打工，身子给累垮了。临死前，他说他生前没来看你，心里难受，死后一定要我带他来，看你最后一眼……”

他发出撕心裂肺的一声长号：“爸，我改……”接着扑通一声跪了下去，一个劲儿地用头撞地。扑通、扑通，只见探监室外黑压压跪倒一片，痛哭声响彻天空……

Mum

Title/ 疯娘

Author/ 王恒绩

娘第一次将我搂在怀里，咧开嘴笑了，笑得春风满面。

二十三年前，有个年轻的女子流落到我们村，蓬头垢面，见人就傻笑，且毫不避讳地当众小便。因此，村里的媳妇们常对着那女子吐口水，有的媳妇还上前踹几脚，叫她滚远些。可她就是不走，依然傻笑着在村里转悠。

那时，我父亲已有三十五岁。他曾在石料场子干活被机器绞断了左手，又因家穷，一直没娶媳妇。奶奶见那女子还有几分姿色，就动了心思，决定收下她给我父亲做媳妇，等她给我家“续上香火”后，再把她撵走。父亲虽老大不情愿，但看着家里这番光景，咬咬牙还是答应了。结果，父亲一分钱没花，就当了新郎。

娘生下我的时候，奶奶抱着我，瘪着没剩几颗牙的嘴欣喜地说：“这疯婆娘，还给我生了个带把的孙子。”只是，我一生下来，奶奶就把我抱走了，而且从不让娘靠近。

娘一直想抱抱我，多次在奶奶面前吃力地喊：“给，给我……”奶奶没理她。我那么小，肉嘟嘟的，万一娘失手把我掉在地上怎么办？毕竟，娘是个疯子。每当娘有抱我的请求时，奶奶总瞪起眼睛训她：“你别想抱孩子，我不会给你的。要是我发现你偷抱了他，我就打死你。即使不打死，我也要把你撵走。”奶奶说这话时，没有半点儿含糊的意思。娘听懂了，满脸的惶恐，每次只是远远地看着我。尽管娘的奶胀得厉害，可我没能吃到娘的半口奶水，是奶奶一匙一匙把我喂大的。奶奶说娘的奶水里有“神经病”，要是传染给我就麻烦了。

那时，我家依然在贫困的泥潭里挣扎。特别是添了娘和我后，家里常常揭不开锅。奶奶决定把娘撵走，因为娘不但在家吃“闲饭”，时不时还惹是生非。一天，奶奶煮了一大锅饭后，亲手给娘添了一大碗，说：“媳妇儿，这个家太穷了，婆婆对不起你。你吃完这碗饭，就去找个富点儿的人家过日子，以后也不准来了，啊？”

娘刚扒了一大团饭在口里，听了奶奶下的“逐客令”，显得非常吃惊，一团饭就在嘴里凝滞了。娘望着奶奶怀中的我，口齿不清地哀叫：“不……不要……”

奶奶猛地沉下脸，拿出威严的家长作风厉声吼道：“你这

个疯婆娘，犟什么犟，犟下去没你的好果子吃！你本来就是到处流浪的，我收留了你两年了，你还要怎么样？吃完饭就走，听到没有？”说完奶奶从门后拿出一柄锄头，像佘太君的龙头杖似的往地上重重一磕，咚地发出一声响。娘吓了一大跳，怯怯地看着婆婆，又慢慢低下头去看面前的饭碗，有泪水落在白花花的米饭上。在奶奶的逼视下，娘突然有了个很奇怪的举动，她将碗中的饭分了一大半给另一只空碗，然后可怜巴巴地看着奶奶。

奶奶呆了，原来，娘是向奶奶表示，每餐只吃半碗饭，只求别赶她走。心仿佛被人狠狠揪了几把，奶奶也是女人，她的强硬态度也是装出来的。奶奶别过头，生生地将热泪憋了回去，然后重新板起了脸说：“快吃快吃，吃了快走。在我家你会饿死的。”娘似乎绝望了，连那半碗饭也没吃，踉踉跄跄地出了门，却长时间站在门前不走。

奶奶硬着心肠说：“你走，你走，不要回头。天底下富裕人家多着呢！”娘反而走上前来，一双手伸向婆婆怀里，原来，娘想抱抱我。

奶奶犹豫了一下，还是将襁褓中的我递给了娘。娘第一次将我搂在怀里，咧开嘴笑了，笑得春风满面。奶奶却如临大敌，两手在我身下接着，生怕娘的疯劲儿一上来，将我像扔垃圾一样丢掉。娘抱我的时间不足三分钟，奶奶便迫不及待地将我夺了过去，然后转身进屋关上了门。

当我懵懵懂懂地晓事时，我才发现，除了我，别的小伙伴都有娘。我找父亲要，找奶奶要，他们说，你娘死了。可小伙伴却告诉我："你娘是疯子，被你奶奶赶走了。"我便找奶奶，要她还我娘，还骂她是"狼外婆"，甚至将她端给我的饭菜泼了一地。那时我还没有"疯"的概念，只知道非常想念她，她长什么样？还活着吗？

没想到，在我六岁那年，离家五年的娘居然回来了。

那天，几个小伙伴飞也似的跑来报信："小树，快去看，你娘回来了，你的疯娘回来了！"我喜得屁颠屁颠的，撒腿就往外跑，父亲奶奶随着我也追了出来。这是我有记忆后第一次看到娘。她还是破衣烂衫，头发上还有些枯黄的碎草末，天知道是在哪个草堆里过的夜。娘不敢进家门，却面对着我家，坐在村前稻场的石磙上，手里还拿着个脏兮兮的气球。

当我和一群小伙伴站在她面前时，她急切地从我们中间搜寻她的儿子。娘终于盯住我，死死地盯住我，咧着嘴叫我："小树……球……球……"她站起来，不停地扬着手中的气球，讨好地往我怀里塞。我却一个劲儿地往后退。我大失所望，没想到我日思夜想的娘居然是这样一副形象。

一个小伙伴在一旁起哄说："小树，你现在知道疯子是什么样了吧？就是你娘这样的。"

我气愤地对小伙伴说："你娘才是疯子，你娘才是这个样子！"我扭头就跑了。这个疯娘我不要了。奶奶和父亲却把娘领进了门。当年，奶奶撵走娘后，她的良心受到了拷问，随着一天天衰老，她的心再也硬不起来，所以主动留下了娘，而我老大不乐意，因为娘丢了我的面子。

我从没给娘好脸色看，从没跟她主动说过话，更没有喊她一声“娘”，我们之间的交流是以我吼为主，娘是绝不敢顶嘴的。

家里不能白养着娘，奶奶决定训练娘做些杂活。下地劳动时，奶奶就带着娘出去“观摩”，说不听话就要挨打。

过了些日子，奶奶以为娘已被自己训练得差不多了，就叫娘单独出去割猪草。没想到，娘只用了半小时就割了两筐“猪草”。奶奶一看，又急又慌，娘割的是人家田里正生浆拔穗的稻谷。奶奶气急败坏地骂她：“疯婆娘谷草不分……”奶奶正想着如何善后时，稻田的主人找来了，竟说是奶奶故意教唆的。奶奶火冒三丈，当着人家的面拿出根棒槌一下敲在娘的后腰上，说：“打死你这个疯婆娘，你给老娘滚远些……”

娘虽疯，疼还是知道的，她一跳一跳地躲着奶奶的棒槌，口里不停地发出“别……别……”的哀号。最后，人家看不过眼，主动说：“算了，我们不追究了。以后把她看严点就是……”

这场风波平息后，娘歪在地上抽泣着。我鄙夷地对她说：“草和稻子都分不清，你真是个猪。”话音刚落，我的后脑勺挨了一巴掌，是奶奶打的。

奶奶瞪着眼骂我：“小兔崽子，你怎么说话的？再怎么着，她也是你娘啊！”

我不屑地嘴一撇：“我没有这样的傻疯娘！”

“嗬，你真是越来越不像话了。看我不打你！”奶奶又举起巴掌，这时只见娘像弹簧一样从地上跳起，横在我和奶奶中间，娘指着自己的头，“打我……打我”地叫着。

我懂了，娘是叫奶奶打她，别打我。奶奶举在半空中的手颓然垂下，嘴里喃喃地说道：“这个疯婆娘，心里也知道疼爱自己的孩子啊！”我上学不久，父亲被邻村一位养鱼专业户请去守鱼池，每月能赚五十元。娘仍然在奶奶的带领下出门干活，主要是打猪草，她没再惹什么大的乱子。

记得我读小学三年级的一个冬日，天空突然下起了雨，奶奶让娘给我送雨伞。娘可能一路摔了好几跤，浑身像个泥猴似的，她站在教室的窗户旁望着我傻笑，口里还叫：“树……伞……”一些同学嘻嘻地笑，我如坐针毡，对娘恨得牙痒痒，恨她不识相，恨她给我丢人，更恨带头起哄的范嘉喜。当他还在夸张地模仿时，我抓起面前的文具盒，猛地向他砸过去，却被范嘉喜躲过了，他冲上前来掐住我的脖子，我俩厮打起来。我个子小，根本不是他的对手，被他轻易压在地上。这时，只听教室外传来嗷的一声长啸，娘像个大侠似的飞跑进来，一把抓起范嘉喜，拖到了屋外。都说疯子力气大，真是不假，娘双手将欺负我的范嘉喜举向半空，他吓得哭爹喊娘，双腿在空中乱蹬。娘毫不理会，居然将他丢到了学校门口的水塘里，然后一脸漠然地走开了。

娘为我闯了大祸，她却像没事人似的。在我面前，娘又恢复了一副怯怯的神态，讨好地看着我。我明白这就是母爱，即使神志不清，母爱也是清醒的，因为她的儿子遭到了别人的欺负。当时我情不自禁地叫了声：“娘！”这是我会说话以来第一次喊她。娘浑身一震，久久地看着我，然后像个孩子似的羞红了脸，

咧了咧嘴，傻傻地笑了。那天，我们母子俩第一次共撑一把伞回家。我把这事跟奶奶说了，奶奶吓得跌倒在椅子上，连忙请人去把爸爸叫了回来。爸爸刚进屋，一群拿着刀棒的壮年男人闯进我家，不分青红皂白，先将锅碗瓢盆砸了个稀巴烂，家里像发生了九级地震。这都是范嘉喜家请来的人，范父恶狠狠地指着爸爸的鼻子说："我儿子吓出了神经病，现在卫生院躺着。你家要不拿出一千块钱的医药费，我一把火烧了你家的房子！"

一千块？爸爸每月才挣五十块钱啊！看着杀气腾腾的范家人，爸爸的眼睛慢慢烧红了，他用非常恐怖的目光盯着娘，一只手飞快地解下腰间的皮带，劈头盖脸地向娘打去。一下又一下，娘像只惶惶偷生的老鼠，又像一只跑进死胡同的猎物，无助地跳着、躲着，她发出的凄厉叫声以及皮带抽在她身上发出的那种清脆的声响，我一辈子都忘不了。最后还是派出所所长赶来制止了爸爸施暴的手。派出所的调解结果是，双方互有损失，两不亏欠，谁再闹就抓谁。一帮人走后，爸看看满屋的锅碗碎片，又看看伤痕累累的娘，突然将娘搂在怀里痛哭起来，说："疯婆娘，不是我硬要打你，我要不打你，这事完不了，咱们没钱赔人家啊。这都是家穷惹的祸！"

爸又看着我说："树儿，你一定要好好读书考大学。要不，咱们就这样被人欺负一辈子啊！"我懂事地点点头。

2000 年夏，我以优异成绩考上了高中。积劳成疾的奶奶不幸去世，家里的日子更难了。当地的民政局将我家列为特困家庭，每月补助四十元钱，我所在的高中也适当减免了我的学杂费，我这才得以继续读下去。

由于是住读，学习又抓得紧，我很少回家。父亲依旧在为五十元打工，为我送菜的担子就责无旁贷地落在娘身上。每次总是隔壁的婶婶帮忙为我炒好咸菜，然后交给娘送来。二十公里的羊肠山路亏娘牢牢地记了下来，风雨无阻。也真是奇迹，凡是为儿子做的事，娘一点儿也不疯。除了母爱，我无法解释这种现象在医学上应该怎么破译。

2003 年 4 月 27 日，又是一个星期天，娘来了，不但为我送来了菜，还带来了十几个野鲜桃。我拿起一个，咬了一口，笑着问她：“挺甜的，哪来的？”

娘说：“我……我摘的……”

没想到娘还会摘野桃，我由衷地表扬她：“娘，您真是越来越能干了。”娘嘿嘿地笑了。

娘临走前，我照例叮嘱她注意安全，娘哦哦地应着。送走娘，我又扎进了高考前最后的复习中。第二天，我正在上课，婶婶匆匆地赶来学校，让老师将我喊出教室。婶婶问我娘送菜来没有，我说送了，她昨天就回去了。

婶婶说：“没有，她到现在还没回家。”我心一紧，娘该不会走错道吧？可这条路她走了三年，照理不会错啊。

婶婶问：“你娘没说什么？”我说没有，她给我带了十几个野鲜桃哩。婶婶两手一拍：“坏了坏了，可能就坏在这野鲜桃上。”婶婶陪我请了假，我们沿着山路往回找，回家的路上的确有几棵野桃树，桃树上稀稀拉拉地挂着几个桃子，因为长在峭壁上才得以保存下来。我们同时发现一棵桃树有枝丫折断的痕迹，树下是百丈深渊。

婶婶看了看我说："我们到峭壁底下去看看吧！"

我说："婶婶你别吓我……"

婶婶不由分说，拉着我就往山谷里走……

娘静静地躺在谷底，周边是一些散落的桃子，她手里还紧紧攥着一个，身上的血早就凝固成了沉重的黑色。我悲痛得五脏俱裂，紧紧地抱住娘，说："娘啊，我的苦命娘啊，儿悔不该说这桃子甜啊，是儿子要了你的命……娘啊，您活着没享一天福啊……"我将头贴在娘冰凉的脸上，哭得漫山遍野的石头都陪着我落泪……

2003 年 8 月 7 日，在娘下葬后的第一百天，湖北大学烫金的录取通知书穿过娘所走过的路，穿过那几株野桃树，穿过村前的稻场，径直飞进了我的家门。我把这份迟到的书信插在娘冷寂的坟头："娘，儿出息了，您听到了吗？您可以含笑九泉了！"

Hope for the best, prepare for the worst, and take whatever comes.

Travel

Title/ 冒险旅程

Author/ 佚名

也许我不应该把信寄出去，但既然做了，就必须走上回家的路。

“亲爱的爸爸，”我写道，“我想回家。”我坐在拥塞的公路旁想了很久以后，将信撕掉揉成一团。这封信的开头我写了好多次，但从未真正写完过。我想回家，回到我父母及姐妹的家，但……

中学毕业后，我就逃出家了。我的父母坚持认为我必须上大学，但我对学习烦透了，我讨厌学校，我决定再也不去上课了。而且，我的父亲对我太严厉了，我有太多农场的杂事得做，我讨厌那些工作。

我和父亲大吵。当时父亲在我的背后吼着：“如果你走了就不要再回来！”我便将一些东西丢进袋子里，生气地离开了。我的母亲放声大哭。在那之后数百个无法成眠的夜晚，我依然会看到她的泪水。

该是写信的时候了。

亲爱的爸爸：

已经超过一年了，我从东部旅行到西部，做过无数的工作，没有一样工作赚得了钱。我总是遇到相同的问题：你的教育程度如何？看来大家总是要把好工作给有大学学历的人。

爸爸，有好多事你和妈妈都说对了。我现在知道田里的工作对我无伤害，我也相信我需要上大学，我更相信你们两个都是爱我的。要我写这封信真不容易，一年前的我是不会写的。自从离开以后，我遇到一些好人，也遇过一些残暴苛刻的人。我以为我可以承受一切，但有时候真的非常困难，特别是当晚上没有一个充满爱及安全感的家可以回去时。我从来没有真正意识到家的意义，直到我离家好几个月之后。

爸，我已经尝到苦头了。我想回家。我知道你说过，如果我离开就不要再回来，但我祈祷你会改变主意。我知道那天我让你非常生气，我也伤了你的心。如果你拒绝我，我不会怨你，但我还是必须要问候你。我知道我早应该要写这封信，但我害怕你不想知道我的讯息。

我想回家，想再度成为家里的一员，我想上大学，想学会如何变成一个成功的农人。然后，如果你允许的话，也许我可以和你一起种田。

我现在正在回家的路上，所以你无法给我回信。但几天以后——我不知道要几天，因为我搭便车回家，我会经过农场。爸，如果你愿意让我回家，请让门廊的灯亮着。我晚上会在附近停留。如果灯没有亮，我会继续前进。如果门廊是暗的，我不会难受，我能体谅。

请将我的爱传达给妈妈及姐妹们。

爱你的儿子

当我将信折好放进信封里后，顿时觉得轻松了不少，就像重担从我肩上卸下一般。我把信放进衬衫的口袋，将我破旧的行李拖向路边，向经过的第一辆车竖起大拇指。在我得到答复前，还有好长的路要走。

从中午出发一直到晚上，我只前进了五六十里路。我在一个不起眼的邮局将信寄出。在将信投入外埠的投信口时，我有一些紧张。也许我不应该把信寄出去，但既然做了，就必须走上回家的路。

第二天，搭便车的机会变得很少，也隔得好远。前一晚我并没有睡，因此现在感到疲惫而且困倦。我越过马路走到另一边的农田，躺在一棵橡树旁的草地上试着入睡。但很难睡得着，因为附近田地上的拖拉机发出愉悦的声响，离我几码处有两只狗追逐着一只兔子。我还听到山丘上农舍里有小孩子玩耍的声音。我闭上双眼想象着我正闻着苹果派诱人的香味，我仿佛看见我的家，那个我在一时愤怒下毫不犹豫离开的家。我想知道我的姐妹们现在在做些什么，还有，我妈妈会煮些什么吃的。当我们坐下来吃饭时，她总是说："儿子，这是我特别为你做的。"

我不能再想了，我必须走了。我带着新割稻草的香味，开始踏上漫漫归乡路。但那还是我的家吗？我的父亲是公正的，但他也很固执。

有一辆车停下来载我，司机是一位业务员，人很好。而且，有人可以聊天真是太好了。

"孩子，你要去哪儿？"他问道。

我沉默了好长一段时间才开口回答："回家。"

"你都去过哪里了？"他问。

我知道他不是爱打探别人的隐私，他脸上的表情告诉我，他是真的很感兴趣。

"哪里都去过了。"我说。

"离开家很久了吗？"

我微笑着，有一点点得意地回答："一年一个月又两天。"

他没有看着我，但他笑了。我知道他明白。他告诉我他家人的事，他有两个儿子，一个和我一样大，一个比我大。当黑夜来临时，他找到一个吃饭的地方，并坚持要我加入。我全身都很脏，因此我告诉他我会让他丢脸，但他不许我拒绝。他打算晚上待在那里，在我们吃完饭后，他说服我那晚也一起待在那里。他说，我可以在那里清洗干净，休息一下再走。他让我想起我的父亲。我告诉他我没有什么钱，他已经帮我付过晚餐了，我不能再让他替我花钱了。

但我还是留了下来。第二天早上吃完早餐后，我向他道谢，但他说："你是个好孩子。你知道吗？我的大儿子离家两年了——两年又十五天。"他看着远方，然后说，"我希望有人也会好好地对待我的孩子。"

我不知该说些什么。他握了握我的手，温暖地对我笑了笑。

"谢谢你为我所做的一切，先生。"我结结巴巴地说。

"不客气，"他说，"祝你好运。"

两天后，我离家仅剩五十里路。我已经走了好几个小时了，夜晚缓缓地降临，我仍然走着，并不期待有车会停下来。有一股内在的驱动力促使我向前走，往家的方向前进。但我走得越快，就越忐忑不安。如果门廊是暗的，我该怎么办？我要去哪里？

一辆大卡车减慢速度停了下来，我跑向前，坐了进去。

"你要去哪里？"黝黑壮硕的驾驶员问道。

"从这里大概四五十里路的地方，你会开那么远吗？"我问他。

"更远。"他自言自语地说着。

我们之间很少交谈，他不太和我聊天。我假装睡着了，靠着椅背闭上眼睛。

三十分钟后开始下雨，刚开始很和缓，然后大片大片地落下。我睡了又醒。

然后，当大雨倾盆而下时，我们已经很靠近我父亲的农场了。我相当地清醒。门廊上会有灯亮着吗？我在黑夜的大雨中张大眼睛眺望着。突然，我们已经到了那里，我不能看，我不能忍受睁开眼却看不到灯亮，我紧闭上双眼，心怦怦地跳着。

这时，驾驶员突然大声地说：“你看那个房子，我们刚刚经过的那栋房子里一定有人疯了，门廊上放着三四把椅子，每把椅子上都放着一盏亮着的灯。一个老人在那里拿着手电筒对着路照，而门廊的灯也亮着。”

Destiny

Title/ 有一种情，叫相依为命

Author/ 佚名

十八年前的那个夏日，当他用身体挡住向我袭来的冰雹时，我的生命便注定与他再难割舍。

一

第一次见到良子哥的时候，他十二岁，我九岁，他上四年级，我上二年级。他的个子比我高出整整一头，脏兮兮的样子让人看了极不舒服。

良子哥喊我妹妹，我却不喊他哥哥，我喊他的名字李国良，或是干脆叫他“哎”。在我心里，他只不过是我家收留的一个无家可归的人而已。

我父亲当时是村上的民兵连长。1982年，村上搞联产承包，父亲和母亲一起承包了村南的一片苹果园，父亲能干，又懂技术，我们家苹果的产量比一般人家的都高，日子过得在村上数一数二。

然而，好景不长。1984年夏天，父亲从果园锄草回来，到村西的河里洗澡，一个猛子扎下去就再也没能上来。后来，家里的一个远房亲戚给母亲介绍了继父。继父家里很穷，好不容易讨上媳妇，媳妇却因为忍受不了贫穷跟一个倒卖粮食的外省人跑了。于是，从那天起，继父和他的儿子开始了艰难的生活。

因为苹果园里缺人，父亲过世后的第二个月，继父便来到我们家，我和母亲住东屋，继父和良子哥住西屋。

继父是个很能吃苦的汉子，整天泡在果园里，晚上也不回家。

母亲有时忙得顾不过来，便给我们俩每人五毛钱，在学校的小卖部里买烧饼吃。小卖部的烧饼是老板从镇上买来的，有时当天卖不了隔一夜便馊了，老板心黑，把前一天放馊的烧饼混在当天进来的新烧饼中一起卖。因为常常买到馊烧饼，后来良子哥便干脆学着做饭。刚开始时，他经常做煳，即便他把不煳的饭菜给我吃，自己吃煳的，我也不愿意理他。

学校离家里有三里多远，要翻过一座山梁，山上到处都是郁郁葱葱的树木和半人高的蒿草，有时还会听到不远处的狼叫。母亲不放心，让我和良子哥一起上学，并嘱咐良子哥照看好我。我不愿让同学们笑话良子哥的那张黑脸，良子哥第一次帮我背书包时，我狠狠地甩开了他，自顾自地向前走。所以，每次上学我们两个经常保持着十几米的距离。

二

夏日的一天，放了学我做完值日，同村的人早回家了，我和良子哥背着书包一前一后地往家走。走到半路上，天突然暗了下来，云层很低，黑压压的，连不远处的村子都看不见了。一直跟在我身后的良子哥，突然跑上来拉起我的手的方向跑。我吓得不知所措，只得深一脚浅一脚地跟着他跑。

刚跑了十几米，天上突然掉下冰雹来，先是玉米粒大小的冰雹稀稀拉拉地落下来，眨眼间，变成了鹌鹑蛋那么大。良子哥一把把我推到路边的岩石下，两手抱着头，下巴抵着我的脑袋，整个身子压在我的身上。这样过了足有十分钟，天空才渐渐有了亮光。冰雹过后，只剩下雨，我从良子哥的身子下挣扎起来，看到地上到处都是冰雹，足有十多厘米厚。我推了推良子哥，这才发现他的上衣背后都是血，血水混着雨水不停地从脑袋上往下淌。良子哥蜷缩在地上，紧皱着眉头，牙齿不停地打着架。

我不知所措，吓得站在雨中哇哇大哭。

不一会儿，母亲披着一条麻袋赶来了。一见良子哥的样子，母亲一把将自己的上衣扯下一大块，手忙脚乱地缠到良子哥头上，然后将麻袋搭在他身上，蹲下身背起良子哥就往镇上跑。

四五里的山路，到处都是冰雹，母亲背着和她个头差不多的良子哥，一口气跑到了镇上的医院，路上鞋跑丢了都没有发觉。

母亲的老寒腿便是那时落下的。直到现在，每逢阴天下雨，母亲就不时用拳头去捶自己的膝盖。后来，每每说起那天的事，良子哥的眼圈都红红的。

那一年的冰雹，把方圆几公里的庄稼全毁了。瞅着园子里被冰雹打折的树干和落了一地的青果，继父只得把果园重新修理了一下，在树档间种上了黄豆。

1990 年，我十五岁，家里果园的承包合同到期了，有人给村长送了礼，加之继父是外来户，村里便把果园包给了别人。继父气得几天吃不下东西，那段时间，夜里常常听到继父和母亲的叹息声。没有了果园，继父从集市上买了几只羊，一边种地一边放羊，日子虽不如从前宽裕，但也能凑合。

1991 年冬天，继父在后山上放羊，不小心摔了一跤，把胳膊摔折了。到县城的医院拍 CT 时，竟然在继父胳膊骨折处发现了癌细胞，医生说这种病是因为长期接触农药造成了感染。想到那些年继父天天背着药桶给苹果树喷药，有时天热连衬衫都不穿时，母亲追悔莫及。医生给继父做了手术，把胳膊上那段病变的坏骨头锯掉，然后，抽了一根肋骨接上。但手术并没有留住继父离去的脚步，第二年麦收时，继父还是离开了我们。

继父的死，让我的心一下子空了许多。我很清楚，继父的病把家里的积蓄都用光了，以现在的家境，母亲肯定无力供我

们两个人同时读书。而良子哥马上面临高考，一旦他考上大学，母亲肯定会让我退学的。我很了解母亲，这样的决定，她做得出来。

然而，事实并没有向我想象的方向发展。高考后的第二天，良子哥给母亲留下一封信便去了省城打工。在信中他说，参加高考只是想印证一下自己的实力；没有了父亲，自己有责任支撑起这个家。他还说，妹妹，你一定要好好读书，哥就是砸锅卖铁也要供你上完大学……

良子哥的高考成绩比录取分数线高出十六分。分数下来的那段时间，母亲发疯似的到处打听良子哥的去向，还专门坐车去了省城，跑遍了省城所有的建筑工地，仍然没能找到他。

三

1993 年秋天，我如愿以偿地被南开大学录取。

初冬的一天中午，我从图书馆看书回来，同宿舍的人说母亲托一个老乡给我捎来了过冬的衣服。打开包袱，里面是一条毛裤和一件崭新的羽绒服。摸着那件羽绒服，睡在我上铺的杜梅惊呼道："哎，我说淑敏，你妈可真舍得给你花钱啊，这羽绒服还真是羽绒的哩！"我问送衣服的人呢，她们说已经走了。我听了，良久无语。我知道，这羽绒服肯定是良子哥买的。当时，羽绒服刚刚时兴，价格特别贵，别说是学生，就是一般上班的人穿这东西也特别少。杜梅说，你老乡一来就问这问那的，看样子挺关心你的。我说，那不是我老乡，是我哥。她说那他干吗要说是你老乡呢，我咬了一下唇，眼泪涌了上来。

我在天津读书的第二年，良子哥和本村的一个姑娘结了婚，生下了侄子小强。毕业后，我分到了县城，也结了婚，有了孩子，良子哥则在离我不远的一家工地上打工。

2004 年初冬的一天，我正在单位整理报表，突然接到嫂子打来的电话，嫂子哭着告诉我，良子哥在给新盖的大楼外墙刷漆时，拴脚手架的铁丝脱了钩，良子哥和另一名工人从三楼高的架子上掉了下来，这会儿正在送往第三人民医院的途中。

我扔掉手中的东西，奔出门打车往第三医院赶，在急诊室门口撞见同村的两个人，他们正从车上往下抬良子哥。良子哥的嘴角上、脸上、身上到处是血，我抓住他的手，一边喊着哥一边呜呜地哭。听到我的喊声，良子哥努力睁开眼，喃喃地说了一句："妹妹，哥要是有个三长两短的，娘和你侄就交给你了！"我颤抖着嘴唇，说不出话来，任泪水在脸上肆意流淌。

良子哥摔折了左腿和两根肋骨，其中一根肋骨插进了肺里，手术进行了六个多小时，我一直站在门外，心乱如麻。当医生走出来告诉我病人已脱离危险时，我忽然两脚一软，跌坐在地上。

在此之前，我从来没有想过，这个和我没有一点血缘关系的人，在我生命里竟是如此重要。那一刻，我突然知道了，十八年前的那个夏日，当他用身体挡住向我袭来的冰雹时，我的生命便注定与他再难割舍。

人们都说，血浓于水，然而，比血更浓的，却是这种生死

相依的亲情。有一种情，叫相依为命，它离幸福最近，且不会破碎，那是一种天长地久的相互渗透，是一种融入彼此生命的温暖。

If you look at what you do not have in life, you don't have anything. If you look at what you have in life, you have everything.

Distance

Title/ 从爱到爱的距离

Author/ 佚名

每一次看到他又多了白发的时候，便忍不住想，哪一根是由于思念这个不在身边的女儿而变白的呢？

十岁

父亲是那种沉默寡言的男人，除非喝了酒。

她记得，她是从十岁开始恨父亲的。那年，父亲喝多了酒，狠狠地打母亲，她和弟弟在一边看着，幼小的心里，细细密密地织满了仇恨，到身体的每一个毛孔。

父亲在村里，是村委会主任，在普通的老百姓眼里，大大小小也算是个官了。但在她眼里不是，她看过很多书，知道有上一级的领导，知道有比父亲大得多的官。所以，她看不上父亲在村里的举止，别人一点儿小事，他就拿架子，说，“啊，这是个原则问题，这是个党性问题。”她在日记里写着：我的父亲是个什么也不懂的村委会主任，我恨他。

父亲嗜酒，村里人家每每有大事小事，总会喊父亲过去帮忙。这种事情他还是比较热心的。喝酒之后的父亲，常常和村里人坐在一起，红着眼睛猜拳。她看不懂，但有一点她知道，那是一种很令人讨厌的活动。

父亲也请乡里的大小领导在家里吃饭，母亲便忙里忙外地伺候。她看不惯那些人，隐隐觉得那些人就是来破坏她的生活的，让她写不成作业，看不进去书。 她想，长大后，自己绝对不会做父亲那样的人。

所以，幼小的她便学会了顶嘴，学会了伶牙俐齿地还击。久而久之，形成了习惯，每当父亲说是，她便想尽理由说不，说到父亲无言。彼时，他会狠狠地瞪她，说：“看我打你。”她会倔强地抬起头，看他的眼睛，但总是在三四秒钟后败下阵来——父亲的眼神里面，有她看不透的东西，也有一种令人害怕的权威。

邻居对父亲说：“你这个闺女厉害，从小就这么会讲理。”父亲狠狠地说：“不成材的东西，就会顶嘴。”

她暗暗听到，更觉难过。她更恨他。

十八岁

她在城里的高中上学，每个星期或两个星期回家一次。

父亲依旧在村里面做着村委会主任，每次回到家，都能看到他陪着下乡的干部喝酒。这种情形，往往让她厌恶地走到一边。她宁愿坐在小屋里想心事，也不愿意看到那屋里的场景和父亲有点儿谄媚的笑容。

她更加心疼母亲，这个小女人，从来都是父亲的附庸，不大声说话，言听计从。

那个时候，她心里隐隐会想到自己的以后，自己绝不会像母亲那样，找这样的男人；为了点儿小事，请人吃饭；气不顺的时候，拿自己家里人撒气；在外面，永远是一副好人的模样。

于是，星期天的时候，她借口学习忙不回家。除非没生活费了，去家里拿一次，但她都是张口向母亲要。对父亲，她很少说话。父亲也很少为了一件事而说她。如果母亲不在家，她就找借口出去，到同学家里，避免和父亲单独在一起。

有时候，父亲到城里来公干，也会到她学校里看她。他在传达室那里等着，半天工夫，就能与传达室的那个看门老头儿聊得火热。她慢慢从教室出来，走到那里，淡淡说一句："来了？爹。"

父亲会回过头来看看她，眼睛里没有亲切，只是平淡地答一句，回过头去继续跟老头聊点儿话尾。说完之后才转过身来对她说："你妈说让我来看看你，一切都好吧？"

到底是自己的母亲，母女连心。父亲这次来，恐怕是母亲千叮咛万嘱咐才来的吧。她想起母亲在她每一次回家的时候，都在自家的门口向她来的方向张望，心里一酸，眼睛有些湿。

“那你好好学习。”父亲的话还是很简单，他心里是没有这个女儿的，她想。他蹬上车子，然后热情地同老头打招呼，看她一眼，就走了。

有时，父亲会带点儿钱给她，说是母亲让带给她的，她更感激母亲。她在日记里写道：父亲有点儿虚伪。

接到录取通知书后，她拿给母亲看，母亲激动得将手擦了又擦，又将通知书拿给父亲看。她注意到父亲脸上的变化，这对于他来说，或许是一个成功的标志，起码值得他拿去炫耀一次。她隐隐觉得，父亲的嘴角有点儿抖，说了句：“真是的。”

她不明白父亲话里的意思。接下来的几天里，父亲将乡亲们聚在一起请吃饭，邻居又说：“你看，你这闺女真有本事。”她期待父亲能说几句夸她的话，但他只是笑了两声。她有点儿失望。

走的时候，父亲送她到城里坐车。临上车时，他对她说：“上车别多说话，到地方后马上打电话过来，你娘想你。”

她狠狠地咬嘴唇，女儿是娘的心头肉，怎么能不想呢？

二十七岁

大学毕业后，她留在了省城，在一家小公司上班。男朋友是另一个城市的，大学同学。

她结婚时，父亲坚持要男方从家里娶亲，她有点儿生气。男朋友家里并非权贵，还要找车，还要跑近二百公里的路程，她试着与父亲商量，却一点儿商量的余地也没有。父亲是保守的，相信一贯的传统，女儿家，就要从家里出嫁。

她说不通父亲，只好与男友商议，男方家里倒也爽快，男友说：“只不过是多花些钱罢了。”

成亲那天，她一早就听到父亲起床，接待乡亲们。她一个人躲在屋里，村里以前的小姐妹进来，笑着同她闹，喜气很快就在小房间里漫开来。等到她上车的时候，却看不到父亲，母亲将她送上了车，她哭得泪人一样。上了车，她悄悄地问坐在车上的弟弟：“咱爹呢？”

弟弟的回答让她吃了一惊，他说：“咱爹去屋后了，我看他抹着眼泪走的。”

她心里一酸，父亲从来没有在她面前掉过泪。

按乡里的规矩，新娘子上了车，是不准再下车的。出村的时候，远远的，她看到屋后，父亲蹲在那里，身形很单薄，伸手在脸上抹了一把，似乎在擦泪。她的心里有些疼，但很快，车子远行，将那个背影落得远了。

新婚的日子很快乐。回家的日子毕竟是少数。每一次往家里打电话，接电话的总是母亲。有时，母亲将电话给父亲，说：“孩子的电话，你也接一下。”

父亲接过电话，两边往往都会有一两秒钟的沉默，这种沉默是尴尬的。父亲总会说那两句：“工作还好吧？生活还好吗？”她在这边说：“好。”听着父亲越来越苍老的声音，她往往会觉得心酸。

闲下来的时候，她在日记里写道：父亲老了，我长大了。

还记得自己曾经恨过他，只是每一次看到他又多了白发的时候，便忍不住想，哪一根是由于思念这个不在身边的女儿而变白的呢？

三十二岁

弟弟也上了大学，家里的田也少了。秋后，父亲打电话，说要到城里来，看看她和小外孙。

丈夫出差去了，她一个人在家。本来说好是上午的车，可是到了中午，父亲还没来。她将孩子放到邻居家，去车站接父亲。刚走到车站，听说一辆出租车撞倒了一个乡下人。她猛地惊呆了，拼命地向出事地点跑过去，眼泪不由自主地涌出来，哭喊着跑到那里，见围了一群人，她不顾一切地挤进人群。出租车前坐着一个乡下人，正在那里同司机讨价还价。

见她哭着挤进来，那司机和乡下人都怔住了。她哭着哭着，便笑了起来。众人都看她笑话，说："这个女人怎么了？"她顾不得，挤出人群，正好看到了一边的父亲。

"爹，你怎么了？你没事吧？"她擦了擦脸上的泪说。

父亲笑得有些不好意思，举一举手里的礼品说："转了一上午，想不出来买什么礼品，也不知道小外孙喜欢不喜欢。"看着父亲手里大大小小的许多包，她又笑了，说："爹，你还用买什么礼物？"看父亲有点拘谨地笑着，她心里酸酸的。

走到街上，阳光从身后照过来。什么时候起，父亲的腰也变得佝偻起来了？父亲小心地躲着身边的车，眼睛却看着她，嘴里说："小心，你看你，走路怎么不看车呢？"她说："城里人不怕车，就像乡下人不怕狗一样。"

父亲笑了，眼角的皱纹在瞬间拧成了绳。

父亲看到小外孙，也像个孩子一样，将小外孙抱在怀里亲了又亲，说："姥爷最疼你，只疼你一个。"眼睛里的疼爱，像是要溢出来一样。

她有些愣怔，往事如粉尘一样散开来：记得在小时候，父亲也是这样将她抱在怀里，说疼她，用带胡子的下巴扎她的脸……她觉得心酸，想起以往的种种，想起母亲对她唠叨说父亲半夜起床，说是做的梦不好，非要母亲打电话给她，他自己总不好意思打过来。母亲对她说："你爹想你，但总是要推到我身上。"

泪当时就落了下来，她借口准备饭，跑到厨房去。在那里淘着米，眼泪却止不住。晚上，她在日记里写：从爱到爱的距离，是忽然间的发现，是自己的父亲，还是那从不说出口的关怀。

Smile and stop complaining about the things you can't change. Time keeps ticking whether you're happy or sad.

Perfect

Title/ 完美爹娘

Author/ 佚名

这，宛如一幅画，而画中便是这世上最完美的爹娘。

结婚那天，妈问我：“坐在角落里像两个要饭模样的人是谁？”

我看过去的时候，有个老头儿正盯着我，旁边还有个老太太，发现我看着他们时他们赶忙低下头。我不认识他们，但他们也不像要饭的，衣服是新的，连折印都看得出来。妈说像要饭的，依据是他们佝偻着身子，老太太的身边倚了根拐杖的缘故。

妈说：“天池是孤儿，那边没亲戚来，如果不认识就撵他们走吧。现在要饭的坏着呢，喜欢等在酒店门口，见哪家办喜事就装作亲戚来吃黑酒。”

我说："不会的，叫天池来问一下吧。"

天池慌里慌张把我手上的捧花都碰掉地上了，最后支支吾吾地说是他们家堂叔和堂婶。

我瞪了妈妈一眼："差点把亲戚赶走。"

妈说："天池你不是孤儿吗？哪来的亲戚呢？"

天池怕妈，低头说是他家远房的亲戚，好长时间不来往了。但结婚是大事，家里一个亲戚没来心里觉着是个憾事，所以……

我靠着天池的肩埋怨他有亲戚来也不早说，应该把他们调一桌，既然是亲戚就不能坐在备用桌上。天池拦着说："就让他们坐那吧，坐别桌他们吃着也不自在。"

直到开席，那桌上也就坐了堂叔和堂婶。敬谢席酒经过那桌，天池犹豫了一下，拉着我从他们身边擦了过去。回头看到他们的头埋得很低，我想了想，把天池给拽了回去："堂叔、堂婶，我们给你俩敬酒了！"

两人抬起头有点不相信地盯着我。二老的头发都是花白的，看上去很老，有七八十岁的样子。堂婶的眼睛很空洞，脸虽对着我但眼神闪忽不定。我用手不确定地在她眼前晃了晃，没反应。原来堂婶是个瞎子。

"堂……堂叔……堂婶，这是俺媳妇小洁，俺们现在给你们敬酒呢！"天池在用乡音提醒他们。

"哦……哦。"堂叔歪歪斜斜地站了起来，左手扶着堂婶的肩，右手颤巍巍地端起酒杯。他手指手背上都是黄黄的茧，厚厚的指夹缝里留着黑黑的泥。面朝黄土背朝天的日子让他们过早地累弯了腰。我惊讶地发现，堂叔的右腿是空的。堂婶是瞎子，堂叔是瘸子，这是怎样的一对夫妻啊！

“别站了，你们坐下吧。”我走过去扶住他们。堂叔又摇晃着坐下了。无缘由的，堂婶眼里忽然就叭嗒叭嗒直掉泪，堂叔无言地拍着她的背。我本想劝他们两句，但天池拉着我离开了。

我跟天池说：“等他们回家的时候给他们一点钱吧，太可怜了。两人都残疾，这日子根本不知道要怎么过。”天池点点头没说话，紧紧拥着我。

第一年的除夕，天池说胃疼没吃晚饭就回房睡觉去了。我让妈妈熬点大米粥，也跟着进了房。天池躺在床上，眼里还憋着泪。

我说：“天池，没有你这样的，第一年的除夕就不跟我们一块儿吃晚饭，还跑到房里这样，好像我们家亏待你似的。一过节你就胃疼，哪有这样的事情？其实我知道你不是胃疼，说吧，什么事？”

天池闷了半天说了句对不起，他只是想起堂叔和堂婶还有他死去的爹娘。他怕在桌上忍不住，惹爸妈不高兴才推说胃疼。

我搂着他说：“真是个傻孩子，想他们的话我们过完年看他们去就成了，再说我也想知道他俩是怎么过日子的。”

天池说：“算了，那条山路特别难走，你会累着的。等以后路通了我们生了小孩再带你去那儿看他们吧。”

我心里想说：等我们生小孩的时候他们还不一定在呢！但没敢讲出来，嘴上说着给他们再寄些钱物之类的话。

第二年的中秋，我正巧在外出差，回不了家。我特别想念天池和爸妈，于是就跟天池煲电话粥。

我问天池，他想我想得睡不着怎么办，天池说上网或者看电视，再不行就躺在那儿睁着眼睛狠狠地想。

那晚，我们直到把手机聊得没电为止。躺在宾馆的床上，看着窗外圆圆的月亮，我怎么也睡不着，睁着眼睛流着泪想天池、想爸爸、想妈妈。想到天池可能也没睡着，说不定在网上神游，于是我起来打开电脑，重新申请了一个 QQ 号，名叫“读你”，想捉弄一下天池。天池果然在，我便主动加了他，他也接受了。

我问他：“这样一个万家团圆的好日子，你为什么还在网上闲逛呢？”

他说：“因为我老婆在外出差，想她睡不着，所以就上网看看。”

我挺满意这句话，接着又打出：“老婆不在家，可以找个情人代替，比如说在网上，聊以自慰一下。”

半天他才敲出一行：“如果你想找情人的话，对不起，我不是你找的人，再见。”

“对不起，我不是那个意思，你别生气，”我赶紧发过去。

过了一会儿他问我：“你怎么也在网上闲逛呢？”

我说：“我在外打工，现在想爸爸和妈妈。刚刚和男朋友通完电话还是睡不着，就上网了。”

“我也想我爹和娘，只是，亲在外，子欲养而不能。”

“亲在外，子欲养而不能。怎么讲？”我把这句话又敲了

过去。有点莫名其妙，天池怎么说这样的话？

“你叫‘读你’，我今天就让你读一次吧。有些事情放在心里很久会得病，拿出来晒晒会舒服些，反正你我也不认识，你就当作听一个故事吧！”于是，我意外地知道了天池一直隐藏在内心的事情。

三十年前，我爹快五十了还没娶亲，因为他腿瘸加上家里又穷，没有姑娘愿意嫁他。后来，庄上来了个要饭的老头儿，还搀着个瞎眼的女人。老头儿病得很重，爹看他们可怜，就让他们在自家歇息。没想到一住下那老头儿就没起来过，后来老头儿的女儿就是那瞎眼的女人嫁给了我爹，第二年生下了我。我家的日子过得很清苦，可我从来没饿过一顿。爹和娘种不了田，没有收入，他们就帮别人家剥玉米粒，一天剥下来十指全是血泡，第二天缠上布条再剥。为了我上学，家里养了三只鸡，两只鸡生蛋卖钱，留下一只生蛋我吃。娘说她在城里要饭时听说城里的娃上学都吃鸡蛋，咱家娃也吃，将来比城里的娃更聪明。但他们从来都不吃，有回我看见娘把蛋打进锅里后用嘴舔着蛋壳里剩下的蛋清，我搂着娘号啕大哭，说什么也不肯吃鸡蛋了。爹知道原委后气得要用棍子打娘。最后我妥协，前提就是我们三人一块儿吃。虽然他们同意了，但每次他们也就象征性地用牙齿碰一下。

庄上的人从来不叫我名字，都叫我是“瘸瞎子家的”。爹娘一听到有人这样叫我，必定会跟那人拼命。娘看不见就会拿了砖块乱砸，嘴上还骂着：“你们这些杀千刀的，我们瘸瞎，我娃好好的，不许你们这样叫唤。将来你们一个都不如我娃！”

那年中考，瘸瞎子家的考了全县第一的喜讯让爹娘着实风光了一把。镇上替我们家出了所有的学杂费，送我上学的那天，爹第一次出了山。上车的那会儿，我眼泪直掉，爹一手拄着拐一手替我擦泪：“进了城要好好学，以后就在城里找工作娶媳妇。别人问起你爹娘，你就说你是孤儿，没爹娘，不然别人会看不起你，特别是娶不上媳妇，人家会嫌弃你。误了你娶媳妇，我都没脸去见老祖。”

“爹！”我让爹别再说了，“这是什么话，咋就不认爹娘了呢？”

娘也说：“这是真话，要听。你不记得在学校里吗？只要说你是瘸瞎子家的，别人就会拿白眼挤对你。刚开始连老师都不喜欢你。以后，你带了城里媳妇回家，就说俺们是你的堂叔和堂婶。”娘说完就在那抹泪。

爹说：“不要把媳妇带回家，一带回来你娘就会忍不住露馅的。”说着往我怀里揣了十个熟鸡蛋就拖着娘走了……

我的眼泪啪嗒啪嗒地往下掉，残疾不是他们的错，那是老天对他们的不公，但他们却生了一个完美的天池给我。这个傻天池，这样的爹娘，无法再完美了。我很生气，他怎么这么小看我？

“那后来，你就告诉你媳妇他们是你堂叔和堂婶？”我敲过去这句话。

本来我不信。媳妇找的是我又不是爹娘，为啥爹娘都不能认呢？我在外十年，爹娘一次都没去过我的学校。第一年工作，我想带他们进城玩玩儿，他们都不肯，说让人晓得我爹娘是残疾人会往我脸上抹黑，影响我娶媳妇。他们说一辈子都在山里了，不想出去了。娘还说她就是从城里来的，城里也没啥意思。后来，我谈了第一个女朋友，当我认为时机差不多的时候，就带她回了趟家。谁知到家后，她晚饭都没吃就走了，我追出去，她说，和这样的人过日子她一天都过不下去。还说我们家基因有问题，以后的小孩肯定也不会健康。我气得让她有多远滚多远。回到家，娘在那哭，爹也骂我，说我不听他们的话，非要断了咱家的香火不可。

后来，我遇上了第二个女朋友，就是现在我的老婆。我很爱她，做梦都怕失去她。她们家又很有钱，亲戚都是些上等人家。有了前车之鉴，我很害怕只能不孝了。但是一到逢年过节我就想他们，心里堵得慌，难受。

“那你从来就没有告诉过你老婆？也许她不计较这些呢？”

“我没说过，也不敢说。即使她同意了，我想我岳母也不会同意的。我和她们住在一起，岳父在外是有地位的人。如果爹娘来了不是往他们脸上抹黑吗？我也只能在出差学习的时候偷偷回去看上两眼。谢谢你听我说了这么多，现在我的心里舒服多了。”

下了网，我依旧没有睡意。都说儿不嫌母丑，狗不嫌家贫，看看我们都做了什么？我理解天池的无奈，也了解他爹娘的苦衷。但他们不知道却将无辜的我陷入了无情无义的境地之中。

天将放亮时，我敲开了部门经理的门，告诉他下面的事情请他全权处理，我有点非常重要的事情尽快要办，一切就拜托他了。然后简单收拾一下行李，我就直奔火车站。还好，赶上了头班列车。

那条山路确实很难走。刚开始腿上还有点劲儿，后来脚上磨起了泡我就再也走不动了。正是中午时分，太阳又晒得厉害，我只有喘气的份儿。背来的水差不多快喝完了，我也不知道下面还有多少路程要走。脱下鞋子挤了水泡，疼得我都要哭出声来了，真想打个电话让天池来接我回家，最后还是忍住了。从路边揪一把芦苇花垫在脚底，感觉脚上舒服多了。想到天池的爹娘此时还在家劳作着，腿上一下就来了劲儿，赶紧站起来继续往前走。

当老村长把我领到天池家门口的时候，那一片烧得红红的晚霞正照在他们家门口的老枣树上。枣树下坐着堂叔，哦不，是天池的爹。爹比我俩结婚时看到的老多了，手上剥着玉米，拐杖安静地倚在他那条残缺的腿上。娘跪在地上准备收晒好的玉米，手正一把一把地往里撸。

这，宛如一幅画，而画中便是这世上最完美的爹娘。

我一步一步地往他们跟前走着，爹看到了我，手中的玉米掉在了地上，嘴巴张得老大，吃惊地问："你……你咋过来了？"

娘在一旁摸索着问："他爹，谁来啦？"

"天……天池家的。"

"啊！在……在哪？"娘惊慌失措地找着我的方向。

我弯腰放下行李，一把抓着她的手，对着他们，带着深深的痛重重地跪了下去："爹！娘！我来接你们回家了！"

爹干咳了两下，泪无声地从爬满皱纹的脸上流下。

"俺就说，俺的娃没白养啊！"娘把双手在自个身上来回地搓，然后一把抱住我，一行行的泪水从她空洞的眼里热热地流进我的脖子里。

我带爹娘走的时候村里是放了鞭炮的。我又为爹娘风光了一次。

当天池打开门，看到一左一右站在我身边的爹和娘时吃惊不小，愣在那儿，一语未发。

我说："天池，我是读你的人。我把咱爹娘接回来了。这么完美的爹娘，你怎么舍得把他们丢在山里？"

天池泣不成声，紧紧地抱住我，像他娘一样把一行泪流进我的脖子里。

If I had a single flower for every time I think about you, I could walk forever in my garden.

Letter

Title/ 爸爸给女儿的一封遗书 / 十年后，女儿回爸爸的信

Author/ 佚名

十年来，每吃一次蛋糕，我对你的思念愈累积，对我们十年后的再会也就愈期盼。

爸爸给女儿的一封遗书

给可爱的女儿：

再吃十次蛋糕就可以找爸爸了……

爸爸和你玩了好多次捉迷藏，每次都一下子就被你找出来。

不过这一次，爸爸决定躲好久好久。你先不要找，等你十六岁（还要吃完十次蛋糕）的时候，再问妈咪，爸爸躲在哪里，好不好？

爸爸要躲这么久，你一定会想念爸爸，对不对？

不过，爸爸不能随便跑出来，不然就输了。

如果还是很想爸爸，爸爸就变魔法出现。

因为是魔法，不是真的出现，所以没有犯规，爸爸不算输。

爸爸的魔法是：趁你睡觉的时候，跑到你梦里大玩游戏；在你画图画爸爸的时候，不管好不好看，你觉得是爸爸，就是爸爸；当你拿爸爸的照片看时，爸爸也在偷偷地看你……

要记得，爸爸一直都陪着你！

你已经是六岁的大姐姐了。

爸爸要拜托你一件事，要你照顾和孝顺爷爷、奶奶和妈咪，看你是不是比爸爸以前做得好。有多好，妈咪会告诉你的。

爸爸猜想，我们这一次玩捉迷藏要玩这么久，爷爷、奶奶、妈咪有时候看不到爸爸，他们一定会偷哭。

偷哭就是犯规，就是失败。

他们偷哭，你就要逗他们笑，不然游戏输了以后，他们一定会哭得更厉害了。

好不好，宝贝？你们是同一伙的，来比赛看是你们厉害，还是爸爸？

准备好了吗？比赛就要开始了。

十年后，女儿给爸爸的信

爱玩的爸爸，你躲在哪里？

你不是说我吃过十次蛋糕后，就可以找到你的吗？

这十年来，我很听爸爸你的话，不敢犯规，害怕游戏输掉再看不见你。我努力地照顾爷爷、奶奶、妈咪，他们哭，我逗他们笑。

爸爸，他们终于笑了！我赢了！游戏结束了，你该回来了吧，对吗？

原来……不对的！

我期待爸爸你回来，再和我玩捉迷藏的时候，妈妈却告诉我，我再也看不到你，原来十年前的我已失去了你这个爱玩的爸爸……

爸爸，你怎么忍心骗你最爱的女儿？

十年来，每吃一次蛋糕，我对你的思念愈累积，对我们十年后的再会也就愈期盼。

十年的累积实在令我输得好惨痛！

十年前，若你让我选择的话，我宁愿爸爸不要骗我，你该相信你的女儿吧！

我会坚强，我会更努力逗爷爷、奶奶、妈咪笑。

又或者……让你骗我一辈子，和我玩一辈子的捉迷藏，让我赢回一辈子的你……

爸爸，十年后的后知后觉没有减轻失去你的震撼，虽然痛，但我会努力创造我的人生，不会辜负你的爱，不会辜负你和我玩十年捉迷藏的苦心。

Tears

Title/ 喊一声妈妈，我泪流满面

Author/ 佚名

她低着头，直到我离开都没有抬起来，我看到她的脚面上有东西滴滴答答地砸下来，湿了一大片。

一

我八岁那年，被我的妈妈扔在她家门口。这个生了我的女人说：“你若跟着我，只有死路一条。你爸爸死了，我连自己都养活不了。”

那天，风很大，雨也很大，我妈紫色的衣裙在街拐角消失的时候，我已经连泪都流不出来了。我在雨里大喊着追她，跑了好几条马路，筋疲力尽的时候，我站在马路中央，期望着有哪辆车把我撞倒，让我离开这个世界……

傍晚的时候，我还是坐在了这个叫李春花的女人家门口，她回家的时候，看到一个冷得发抖的孩子，一个装着几件衣服的箱子。她紧捏着我的胳膊，脸阴沉许久，一言不发地把我带进屋。

给我换了干净的衣服，她问我：“你妈还要你吗？”这话将我隐藏的泪全部引出来了，我点头又摇头，咬着唇，泪流了一脸。她有些不知所措，过后，把我拥在怀里，许久没说话。

我仰头的时候，看到她眼角的潮湿。她拿着吹风机帮我吹头发，她的手指柔软，怀抱里有浅浅的薄荷香。她说：“你看你的头发，和他一样，又直又硬。”突然，她丢了吹风机，“呜呜”地哭了。她说：“小暖，从今往后，有大妈的一口饭吃，就有你的一口。”

我觉得这世界怪得很，她的男人在一个夜晚，为了给他的情人去买一份糖炒栗子，过马路的时候被车撞死，而我，她的男人和情人的私生子，竟然来投奔她，并被她接受。

二

我才知道，原来世界上还有这样的爱情，我相信再没有一个人会比她更爱我爸爸。她常常会抚着我的头发，吃饭的时候，也会盯着我的眉眼走神。她说：“你怎么这样像他呢？”

她给我转了学，领着我去报到的时候，她说：“有什么不开心的，你就告诉大妈。”

八岁的心，已经为她的话语无比惶恐，只不过半天的时间，我便跑回来找她。她在上班，机器轰隆隆地响，她跑出来着急

地问我怎么了。我只顾着哭，不知道该说什么……是的，我不知道该如何张口告诉她，班里的孩子都鄙视我，我的同桌，那个扎着花蝴蝶结的小女生，撇着嘴巴骂我无耻。她说："你一个私生女，还厚颜无耻地来找人家养你！"

我咬着唇，反驳不出一句话，她说的句句都是真的。

她问了半天，看我除了哭没有任何的回答，不禁有些焦急，借了自行车到学校去找我的班主任。晚上回来的时候，她说："这边房子价格涨得很好，我想把它卖掉或者租出去……"我扒着碗里的饭没作任何回应，白日里那个孩子的话一遍遍在我脑子里回想，扎得我的心生疼。

夜里，我收拾好自己的东西，她的房门半敞着，我看到她辗转着在床上没有睡着。我蹑手蹑脚地开门走出去的时候，听到她很警惕地起了床。

坐在小区的椅子上，夜这么黑，世界这么大，我已经不知道应该去哪儿。

我听到她一声声喊我的名字，看到她着急地从小区里跑出去。我躲在黑暗里，张张嘴却说不出一句话。只不过一个星期，我已经知道她的善良，她给我买了漂亮的床，很多的衣服和发夹；她每天都要从存折上取钱出来，为我哗啦啦地花出去；她还无比细心，才不过七天，我吃饭的喜好便被她摸得一清二楚，做饭不再放姜，西红柿记得剥皮……

她的好，让我惶恐。她对我本应该是充满了恨的，因为我的出现，眉眼里全摆明了她男人的背叛。我怎么可以留在她的身边，亵渎她的善良？

天快亮的时候，她在我母亲的小区门口等到了我。她说：“你母亲说你没回来过，我知道你会来。”

她只穿着一个外套，里面是单薄的睡衣。这个女人，在冷冷的石板上坐了五个小时，而我的母亲却在她离开后始终没有出来问过。

她说：“大妈对你不够好，是吗？”我摇头，说：“是我配不上你的好。“她摸摸我的头发，说：“小暖，我们搬家。”

只不过两天的时间，我们就从城西搬到了城东。我知道她的意思，因为这里没人再知道我的一切，没人会笑话我。城东的房价普遍偏高，我们原来的房子租给了别人，每月还要再拿出一部分来租现在的房子。她给我找了学校，并和班主任谈了很久。送我到教室门口的时候，她竟然蹲下来亲了亲我的额头。那天的阳光那样好，她的身上像是披了金色的彩霞。

三

我没想到会惹她生那么大的气。十五岁的那年夏天，巷子里的一个李姓男人送了我一串珍珠项链，光泽晶莹而诱人。他带我去他家，给我削水果，倒饮料。

我们刚坐下几分钟，她便砸响了房门。原来她下班早，邻居家的阿姨告诉她看到我进了那个男人的家，她便发疯一样追进来，冲着我大声吼，拉了我就走。我嘟囔着，她却急了，回手给我一巴掌。

打完之后，我们都愣了。她伸出手，想拉我，却又空空地收回去，转身回家。

第二天，她拿了很多钱，带我坐长途车，到了省城的一家西餐厅。看了半天菜单，点了芝士比萨、烤土豆、黑菌鹅肝牛排，还点了香浓的百利甜酒，一杯就三十元。每个都是小小的一份，她自己却不吃。她说，先前怪大妈了，女孩子是要富养的，什么样的世面都见过了，在诱惑面前才不会迷失。那个男人劣迹斑斑，你怎么可以要他的东西？

这个女人，花了几百块钱带我吃这一餐饭，想让我明白一个道理。我真的懂了，却不是因为这一餐饭，而是因为她满眼的焦急。我说："妈，我知道了。"我叫得有些含混，她却依然听清了，突然，她哭了。

回来的路上，她絮絮叨叨地跟我说了很多。她说，她始终不能有自己的孩子，所以，她理解他，恨过，爱过，最终选择了原谅。

我纠正她，不是爱过，是爱着。

彼时，我十五岁，已经明白了她的爱情，并为此震撼。家里依然有他的东西，他的衬衣领带都整齐地摆在衣橱里，他的父母她依然每隔几个周末会去看望，他的女儿她在养着……如果不是爱情，谁可以做到这些？

四

我十八岁的时候，我的母亲回来找我，我的生母。

她在我的学校门口，让我跟她走。她说：“我现在一切都稳定了，你继父答应给你办出国手续，你大妈在给你收拾东西。“她的嘴一张一合，似乎这是再应该不过的事情。她说：“那时候，我真的很难，什么都不能给你。”

我摇着头，此时，心里想的全是她——李春花。这些年，她也真的很难，但是，她竭尽所能地给了没有任何血缘的我。

母亲说：“我已经跟她说了，她同意我带你走。”我的心轰然而响，怎么可以？她真的如此舍得我？

我一口气跑回家的时候，她在我屋里，坐在我的床上，摸着我的枕头，只这一个动作，便让我的心疼了再疼。她说：“你妈给了我好多钱，你看。”

那叠钱醒目地放在桌子上，她拿着它们，挤出笑容。她说：“你走吧，要不然，这些钱你妈要收回去的，我现在退休了，这些钱对我有用。”

我离开的时候，在门口给她行了大礼，跪在地上，磕了头。她低着头，直到我离开都没有抬起来，我看到她的脚面上有东西滴滴答答地砸下来，湿了一大片。

我没出国，只是去了离她几百里的城市。很快，我便收到她的汇款单，那些钱，她一分不差地给了我，附言上，她说：“谢谢你陪我这些年。”我是哭着去邮局的，坐在邮局的台阶上，抱着那些钱不停地哭。妈妈，我何尝不知道她说那些话是为了让我离开，而我哪能不懂她……正因为懂她，我才乖乖离开，过她期望我过上的生活。

五

我每日坐地铁去上班。这个城市的人很多，立交桥复杂得很，常常让我迷失了方向。每次，我都会想起她牵着我一路走的温暖。

我终于留在了这座城市，买了小小的房子。生母跟她的男人去了国外，她说：“你不去，我也做不了你的主，反正对你也是仁至义尽了。”

可是，我对她，那个养了我十年的女人仁至义尽了吗？

我们像是有心灵感应，我买了车票回去看她的路上，接到了她的短信。她说：“小暖，我很想你……我最近身体特别不好，不知道为什么晕过去两次，这种时候，你知道我是多么多么想你啊！”

她从来没用过这样的语气同我说话，她用了很多的感叹号，让我的心全部揪起来。我退了火车票，改乘最快的一班飞机，其实再赶到机场，辗转着只能快半小时而已……我怎么有那么多的泪水，从安检到候机室，从起飞到降落，我不停地流泪。

邻座的孩子悄悄地问妈妈：“这个阿姨为什么一直在哭啊？”他妈妈说：“因为她想妈妈了吧。”我咧开嘴对她笑了一下，我真的是想妈妈了！

回家后，她正躺在我的床上，手里翻着我小时候的影集，看到我，竟然是满脸的愧疚，她说：“啊，你真的回来了？你看，我怎么这么麻烦呢？”

夜里，我躺在她的怀里，一直想告诉她，你知道我为什么要去北京吗？其实，只是因为她一直向往那个城市。她说爸爸曾经带她去过一次，她说那是她最美的一段时光，于是，便喜欢上了那个城市。她说只要想起那个城市，便会觉得温暖。

我把这话牢牢记住了，我想让她跟着我去那个城市，我想给她我父亲欠她的一切，我想让她一直温暖幸福……

今天是她的六十大寿，写下这篇文章，送给她，我最爱的妈妈！

Bad Boy

Title/ 他不是你们说的那种坏孩子

Author/ 安宁

那么多年过去，他依然记得那个苍老而执著的声音，不停地向周围的人说明：他不是你们说的那种坏孩子。

他九岁那年，父亲因为没管好自己的贪念进了监狱。虽然身边的小伙伴和同学们并没因此而疏远或嘲笑他，他却总觉得每一个认识他的人都在嘲笑他是罪犯的儿子。自卑像颗有毒的种子，在他心里发了芽，他变得越来越沉默，对每一个走近他的人都充满了抵触性的戒备。那时，他最大的愿望是转学，搬到一个没人认识他也不熟悉他家庭背景的地方。为了弥补父亲犯下的罪过，母亲把家产卖光了，起早贪黑地忙活在杂货摊上，赚到的钱也就是维持母子两人的生计而已。

失望之余，他开始逃学，和街上的坏孩子混在一起，彻夜不归地上网玩游戏，没钱了就去偷。他不敢偷别人的，就偷母亲的，母亲发现后，打他骂他，让他保证以后不再这样了。他低着头一声不吭。后来，因为母亲防得太严偷不成了，他就和街上的坏孩子一起抢同学的钱。母亲去派出所领过他几次后，绝望了，决定把他送到远方的奶奶家。

他哭着闹着不肯去，母亲却铁了心，坐了一天一夜的火车又乘了半天公共汽车，再步行一个多小时，把他送到了大山深处的奶奶家。

母亲哭着对奶奶说了一切，说她管不了他了。

奶奶二话没说，收下了他。母亲走的时候，一步一回头，满脸是泪，他却漠然地踢着路边的石头，一副无所谓的样子。

在大山深处的村子只有几十户人家，去一趟镇上都要走一个半小时。奶奶家连电视都没有，他去三个伯父家看电视，能明显地感觉到自己不受欢迎。他们看他的眼神就像防贼，他脸皮厚，不在乎，顶着他们讨厌的眼神继续赖在人家家里看电视。直到有一天，他从街上回来，听见奶奶在和三伯母吵架，奶奶好像很愤怒，声音很大地骂三伯母：“你们这些良心被狗吃了的坏东西！以前嘉嘉爸爸对你们多好你们忘了？他现在是犯了罪，但是嘉嘉是个好孩子！你有什么证据证明他拿了你们的钱？”

温暖的山村阳光抚摸着他慢慢流下的眼泪，是啊，有多久没有人说他是个好孩子了？

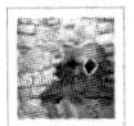

其实，他真的偷拿了三伯父家的钱。他觉得伯父和伯母们都那么让人讨厌，不偷白不偷，他把钱塞进了围墙的一个裂缝里，用碎石头堵上，不想还回去。然后，跑到山上待到很晚才回家。

奶奶没问他是不是真的偷了三伯父家的钱，而是气鼓鼓地说："嘉嘉，不管别人怎么说，奶奶相信你。"

望着奶奶白花花的头发和浑浊而慈祥的眼神，他忽然有种想哭的感觉，但忍住了，假装无所谓的样子，耷拉着眼皮吃饭。

或许是三伯母说了什么，村里的人都对他避之不及，仿佛他不是灾星就是祸害。他很愤怒，又没办法，谁让他是个有劣迹的孩子呢？

只有奶奶，不仅不嫌弃他，还拿他当宝贝。她拄着拐杖颤巍巍地去学校求老师收下他这个插班生，颤巍巍地给他洗衣，给他做好吃的。在穷乡僻壤的山村，能有什么好吃的呢？何况奶奶那么老了，种不了庄稼了也养不了牲畜了。他常常坐在村头的土墙上想念城里的麦当劳，想得眼泪汪汪，想偷偷跑回去，却在山里转悠了半天也没找到回城里的路。

因为嘴馋和村里人对他不好，他常常偷他们的鸡，摘他们树上的果子。为此，常常有人到奶奶家兴师问罪，每次兴师问罪的结果都是一样的，只要奶奶嚷上几嗓子，然后又嘀咕几句就收场了。

那时，他觉得奶奶太牛了，比他在城里跟的那个小混混头子还牛。他从来不偷奶奶的钱，因为奶奶几乎没什么钱，而且奶奶是唯一说他不是个坏孩子的人，他不想用事实向奶奶证明他真的是个坏孩子。

他喜欢被奶奶用粗糙的大手抚摸脑袋的感觉，喜欢她用信任的目光看着他讲他听了一万遍的说教故事。

一年过去了，乡下的寂寞单调快把他逼疯了，他想要个游戏机。据说镇上就有卖的，差不多要二百元，他琢磨了很多办法还是没弄到钱。

有时他会看着奶奶的手腕发呆。奶奶腕上有只很粗的银镯子，工艺古老，是爷爷给奶奶的聘礼，从戴上那天起，奶奶就没摘下来过。奶奶说过，死了也要戴着它，那是她和爷爷的接头信物，不然，怕去了阴间多年的爷爷认不出来她了。说这些时，她浑浊的目光就会散发出清澈的光芒，仿佛她将要去的地方无限美好。

想得到一台游戏机的念头快把他弄疯了。有那么几次，他趁奶奶睡着后去摘镯子。可是经年的操劳让奶奶手上的关节都变粗变大了，根本摘不下来。

他只好放弃了对镯子的念想，偷偷赶走了邻居放在山上吃青草的山羊去了镇上，用卖山羊的钱买回了他朝思暮想的游戏机。

他抱着游戏机小心翼翼地进门，却还是被奶奶看见了。奶奶问他多少钱，他闷着头，不说话，兀自打开包装盒，装上电池就玩了起来。

过了一会儿，他突然听见奶奶在院子里“呀”地叫了一声，那声音，像倒吸着冷气。他正玩得上瘾，懒得出去看。玩饿了，

他大嚷：“我饿了。”

估计奶奶该把饭做好了，他出去找吃的，却见奶奶还在灶上灶下用一只手忙活，好像另一只手不存在似的。他感到有些奇怪，就转过去看，这一看，他惊呆了：奶奶的左手包着一块从旧衣服上撕下来的布，她的手腕空了，银镯子不见了。

他捧着奶奶的手，端详了半天，问：“奶奶，你的手怎么了？”

奶奶笑笑说：“老了，戴个镯子干活不方便，我往下拿时，不小心把手弄坏了。”

他将信将疑地看着奶奶，什么都没说。那顿饭，不知道为什么，他吃得很慢很堵心。

第三天，奶奶发起了烧。为了摘镯子她把手骨弄断了，没及时治疗就引发了炎症，去镇上住了几天院才好。

因为奶奶的住院费，三个伯母和奶奶吵了一架。从她们大声的呵责中，他终于明白，为什么那些因为被偷了鸡或果子气势汹汹找来的村民会被奶奶几句话摆平，那是因为奶奶小声告诉他们鸡和果子值多少钱她给，就当她买的，她请他们相信她的孙子是个好孩子，只是受不了乡下生活的寡淡才这样的。

那只弄折了手骨才摘下的镯子，是拿去赔人家的山羊的。

三个伯母一致要求奶奶把他送走，理由是她们给奶奶的养老费全都因为他的劣迹赔给了人家，他们没有义务养这个坏孩子。

面对伯母们的指责，奶奶自始至终只有一句话：“他不是你们说的那种坏孩子。”

一直躲在角落里的他，突然跑出来，一头扑进奶奶怀里，号啕大哭。

后来，奶奶问他为什么哭，他说："我一定会做你说的那种好孩子。"

他真的变好了，母亲把他接回城里继续上学。暑假里他去卖报纸，把赚来的钱寄给了奶奶，让她去赎镯子。

一年年过去，他读了中学，在他考取北京一所著名大学的秋天，奶奶走了。那么多年过去，他依然记得那个苍老而执著的声音，不停地向周围的人说明：他不是你们说的那种坏孩子。

人生的成长，不只属于生理的，还有心灵。就像在生长过程中，身体偶尔会患些病恙一样，心灵也会患病。药物是治疗身体病恙的，而医治心灵的良药是爱，那些用爱来医治心灵疾病的人，都是天使。

天使不一定是穿着轻盈白纱的可人儿。有时，它是一个眼神，一个声音，一个细节，一种坚持。在他往地狱滑去的时候，奶奶就是那个固执地用一句话把他唤回阳光世界的天使。

Jinbao

Title/ 金宝

Author/ 佚名

站在她面前，他竟然紧张了，掌心渗出汗水来，他多希望她能像小时候一样，坚定而骄傲地说，这是我爹。

那年冬天，他用自己的棉衣把那个女娃裹回家里时，遭到了史无前例的怒骂。这个家本就不富裕，而他们已经有了两个儿子，一家四口靠着他在镇上做临时电工的那点微薄收入勉强维持生计。她指着他的鼻子喊，要么你在哪里捡的还送回哪里去，要么你就别回来了。

小镇的冬夜，寒冷而寂静。他怀里抱着孩子，在镇卫生院门前走来走去。当他终于下定决心把孩子放回那张长椅时，躲在他棉衣下的女娃竟然对着他笑了一下。他心一惊，不，不能把这娃娃扔掉，这是一条命啊！她只好妥协了。从此，他是爹，她是娘，而这个女娃娃，随他的姓，叫金宝。

金宝无法喝米汤，喝进去就会吐出来，小脸苍白。他急得抱着她在地上团团转，是啊，她需要营养的母乳，而不是粗糙的米汤。他小心翼翼地抱着她，一点一点地在结了冰的地上蹭到后村，因为后村有刚刚生完孩子的人家。

可人家拒绝给金宝喂奶，自己家的孩子奶水还不够吃，怎么可能喂给一个不知亲爹娘是谁的野孩子！他几乎是被人家推出房门的，在对方关门的一刹那，他一只手抱着她，一只手插进了门缝。门紧紧地夹住了他的手，又缓缓地开了。他收回痛得失去了知觉的手，扑通一声跪在地上。

金宝满足地吃到了母乳，可如此年幼的她，怎会知道，爹的那只右手，整整一个月都无法正常工作。甚至有几次，险些出了事故。

从此，他成了远近的名人，因为他抱着她，几乎求遍了附近所有在哺乳期的妈妈，也几乎是跪遍了村里村外。为了报答人家，谁家有事他都会去帮忙，比如谁家屋顶漏水，谁家结婚，谁家出殡……

金宝六岁了，常常依偎在他怀里，被他的胡子扎得咯咯笑。两个哥哥上学了，她就缠着爹陪她玩。他跪在地上，双手着地，她骑在他的背上，喊着“驾驾驾，大马快跑。”他就在自家屋里的砖地上，双手双腿着地向前爬。娘说：“不许让你爹当马，你爹有风湿病。”

他知道，他再陪着金宝玩，也没有金宝和孩子们在一起时开心。他节省了自己的午饭钱，买了糖果，分给邻居家的孩子，央求他们带金宝玩。

吵架时，其他孩子骂她："金宝丢丢，没有爹娘。"她大声辩驳："我有爹娘！"孩子们嬉笑着跑开："你爹不是你亲爹，你娘也不是你亲娘。"

她哭了，擦着眼泪，对自己说："爹是亲爹，爹会当大马。"他让她坐在他腿上，说："你看，你大哥叫金石，你二哥叫金锁，只有你叫金宝，为啥？因为你是爹的宝贝疙瘩。"说着抱起她一起照镜子："你看你和爹长得多像，要不是亲爹，你能长得这么漂亮吗？"

她破涕为笑。尽管年幼的她看不出自己与爹长得像不像，但她坚信，她是爹的宝贝疙瘩。如果爹不是亲爹，自己就不能长得这么漂亮。

金宝七岁那年，爹和娘为了让不让她上学而发生争吵。娘说："女娃读书有什么用？"爹说："金宝必须读书，进城做有出息的人。"已经供了两个哥哥，家里没有钱再交金宝的学费。爹打算出去借，娘挡在门前不允许，他用力地把娘推倒在地，在娘的哭声中，挨家挨户地借到了钱。

爹把她送到学校，一遍遍地嘱咐她，好好读书，以后做有出息的人。她用力地点头，虽然她不知道什么叫有出息，但她知道，等有了钱，她一定要给爹买这世上最好的酒喝。

九月的小镇，骄阳似火。她下了课后，看见爹蹲在教室外，衣服被汗水沾湿在身上，嘴唇干裂。他说：“爹怕你第一天上课不习惯，爹这就回。”

也就是那天，她第一次发现，爹走路时，腿是微微弯曲的，背也是驼的。而那年，爹刚四十岁。

她放学回家，家里坐着两位衣着光鲜的城里人。城里女人一见到她，就奔过来拥住她，有些语无伦次：“孩子，妈妈对不起你，孩子，你长大了……”她挣脱出来，藏在爹背后。爹把她拉过来：“金宝，他们才是你亲爹娘。跟他们回城里，那才是你的家。”她不依，死死抱着爹，喊着：“爹骗我，你是我亲爹！”爹转过身去，再也说不出话来。

她被城里男人抱上了那辆小轿车，她拼命地挣扎：“爹，我要不是你亲生的，能长得这么漂亮吗？爹……”

挣扎中，她见到的是娘扶着门框抹着眼泪，两个哥哥追了出来。而爹，给她的只是一个冷冰冰的背影。

她进了城，住进了楼房。他们告诉她，那年有了她时，父母还没有结婚，是没办法才把她放在镇卫生院的长椅上，可这么多年来，父母一直在寻找她。她捂着耳朵，哭哑了嗓子，她不想知道这些，她只知道自己有多么想念爹。

可是，这一切都改变不了一个现实。那就是，要叫城里男人为爸爸，城里女人为妈妈，而她自己，被改了名字，叫杨阳。

金宝的亲生父母留下三万块钱抚养费，余下两万会分期寄过来。他本是不要这钱的，可他们走前把装着钱的包扔在了院子里。他把那钱收好，说必须还给他们，让他们用这钱供金宝读大学。

他整夜整夜地失眠，闭上眼睛就是金宝的影子。

他做工时，听到一个女娃的声音喊爹，像极了金宝的声音。一走神，手里的电钻打偏方向，反弹回来的石子飞速地崩进了他的左眼。镇卫生院没有这样的医疗条件，转到县里时，左眼已经保不住了。失去左眼的同时，他失去了工作，只拿到了临时工那点少得可怜的抚恤金和伤残费。

城里寄来第一张汇款单时，他就决定把所有的钱都送回去。进了城，按照汇款单上的地址找到了金宝现在的家。他蹲在楼下等。他等来了那辆黑色的小轿车，是金宝的父亲，他迎上去，这时，金宝和她的母亲从车里下来。金宝看到他，一下冲过来抱住他："爹，爹，金宝想你啊！"金宝看到他的眼睛，哭得更凶了，他摸着她的头，说："爹有右眼，爹还能看得见我漂亮的金宝。"

爹把钱强行塞给他们，说："拿这钱供金宝读书，让她做有出息的人。"然后再次狠心甩开金宝，弯着腿，驼着背，跑开了。他拼命跑着，跑到听不见金宝的哭声时，停下来，才发现竟然跑丢了一只鞋。四十几岁的汉子，蹲在马路上，失声痛哭。

他总是进城，偷偷地看上一眼金宝，金宝并不知道，这么多年，爹一直在默默地看着她长大。终于有一天，当她和一群同学走出校门时，看到了树下的他。只是过了六年，她当然不会忘记。可六年的城市生活，却足以让一个女孩子变得虚荣。

他知道她看到了他，于是迎了上来，还带着右眼的泪水。同学问："杨阳，你认识他吗？"他就站在她面前，他竟然紧张了，掌心渗出汗水来，他多希望她能像小时候一样，坚定而骄傲地说：“这是我爹。”

可是，她却摇了摇头，说了句“不认识！”

二十六岁的杨阳在市医院工作，是药剂室的一名医生。儿时的事情尽管未曾全部忘记，毕竟十几年过去了，那些模糊的记忆偶尔也会翻出，可很快就会散去。

那天，她像以往一样从窗口接过药方，按照药方取药给患者。递来的药方上，写着的名字是：金胜利。她微微一怔，抬头，窗口很高，只能看见患者的头，她看得清楚，那只萎缩的左眼和已经花白的头发。

药方上写着：氨酚待因两盒。她取药的手止不住地抖。这是一种抵抗癌症疼痛或大手术后疼痛的强效镇痛药，他为什么要买这种药？她戴了口罩，穿着白大褂，他看不到她，拿了药，走到大厅的椅子前坐下。这次他是偷着跑出来的，因为他怕孩子们和孩子他娘惦记。他的病又重了，不依靠城里的这种镇痛药，是忍不过去的。

她打了电话给开药方的医生，对方麻木地说出三个字：食道癌。

她走过去时，泪水已经模糊了视线。他正在用自带的水吃药，看了看依旧戴着口罩的她，并未认出。他低下头，把自己的药盒揣进口袋，起身准备离开。

她一步步跟出去，在医院门外，她终于喊了声“爹”，声音哽咽，却坚定，“我要不是你亲生的，能长得这么漂亮吗？爹！”

他大口大口地喘着粗气，没有回头，浑浊的泪顺着右眼滚落。

Far Away

Title/ 眼泪这么近，背影那么远

Author/ 佚名

每一次我都看着娘的背影消失在街道的拐角处，不期然间，那背影竟渐渐走进我的梦里。

第一次在众人面前痛哭失声，是在多年以后，我作为一名实习教师在听别的老师讲课的时候。当时那个老教师讲的是朱自清的《背影》，听着听着，我竟失控地哭出声来，惹得全班四十多个学生都惊愕地看着我。

我想起的是娘，是记事时就知道有着一头白发的娘。娘不是我的亲生母亲，我的父母生了我，却没有养育我。娘是村里出了名的傻女人，那是真正的傻，整天胡言乱语，连生活都无法自理。据说，是她给母亲接的生，她抱着我的那一刻，竟是出奇的平静。她的脸上流露出一种母性的光晕，却是大颗大颗地掉着眼泪。

母亲生下我一个多月后，便被公安人员从那个山村带走，从此和父亲开始了漫长的刑期。而我，从此就成了娘的孩子，那一年，娘四十三岁。

当时村里人都认为娘是养不活我的，那么傻的一个女人，连自己都照顾不了，更别说伺候一个刚满月的孩子了。

可是，村里人终于从震惊中明白，有我在身边的日子，娘是正常而清醒的。她能熟练地把小米粥煮得稀烂，慢慢地喂进我的嘴里；她能像所有母亲那样，把最细腻的情怀和爱倾注在我的身上。人们有时会惊叹，说我也许就是上天赐给她的良药。

娘来到这个村子的时候就是现在的精神状态，从此便在这里停留下来，为人们提供茶余饭后百聊不厌的话题。就是在这样的环境之中，我竟也顺风顺水地长大起来，而且比别人家的孩子都结实。

从记事起，最常见的就是娘的白发和泪眼。听别人说，娘以前从没掉过眼泪，自从有了我，便整天地抹泪。我也是很早就知道娘和别人家孩子的妈妈不一样，她不能和我说话，更多的时候，她都是一个人自言自语，也听不懂说些什么。她没有最慈祥的笑容，有的只是无穷无尽的泪水。我甚至感受不到她的关爱，除了一日三餐，别的什么都不管我，任我像放羊一样

在野甸子里疯玩儿。正因为如此，我变得越来越不羁和放纵。

上学以后，我并没有受到什么白眼冷遇。这里的民风淳朴，没人嘲笑我，就连那些最淘气的孩子也会主动来找我玩儿，不在乎我有一个傻傻的娘。

事实上，自从有了我之后，除了每日的自说自话和流泪，娘几乎没有不正常的地方了。印象中，娘只打过我两次，打得都极狠极重。第一次是我下河游泳，村西有一条清清亮亮的小河，村里的孩子夏天时都去水里扑腾，我当然也去。从来不管我的娘突然跳入水里，把我揪了上来，折了一根柳条就没命地抽在我身上，打出了一道道的血痕。我那时一点儿也不记恨她，只是不明白，我爬上高高的树顶去摘野果她不管我，我攀上西山最陡峭的悬崖她不管我，我拿着石头和邻村的小孩打得头破血流她不管我，只在那么浅的河里游泳，她却这样狠狠地打我。

还有一次，那时我已在镇上读初中了。有一天她到学校给我送粮，正遇见我在校门前和一个女生说笑。当时她扔了肩上的粮袋，疯了一般冲过来打我，我的鼻子都给打出了血。

我虽然不明所以，可依然不恨她。那时我已能想懂很多事，也从别人口中知道了自己的身世。这样的一个女人，能把我拉扯大，供我上学，所付出的，比别人要多千百倍。我感激我的娘，虽然我不能和她交流，可是我已经能体会到那份爱了。而且，天下的母亲哪有不打孩子的，况且她只打了我两次！

要说娘有让我反感的地方，就是她的眼泪了。不管什么时候什么地方，只要一见到我就哭，这让我打心眼儿里不舒服。

别人家的孩子一个月回一次家，当妈的都是乐得合不拢嘴，而我的娘，迎接我的永远只有泪眼。有时我问她："娘，你怎么一见我就哭啊，不如当初你不养我了！"那样的时刻，她依然流泪不止，说不出一句话来。

娘对我从没有过亲昵的举动，至少从记事起就不曾有过。她很少抱我，连拉我手的时候都没有。这许多许多，想着想着便也不去想了，娘不是一个正常的人，为什么和她计较这些呢！

在镇上上学，娘每月给我送一次口粮。她把时间拿捏得极准，总是在周六的下午一点钟准时来到学校门口，而那时我正等在那里。她把肩上的粮袋往地上一放，看上我一眼，转身就走。

我常常怔怔地看着她的背影发呆，那背影渐行渐远，她间或抬袖抹一下眼睛，轻风吹动她乱蓬蓬的白发。每一次我都看着娘的背影消失在街道的拐角处，不期然间，那背影竟渐渐走进我的梦里。

考进县城一中后，娘来的次数便少了，变成了几个月一次。主要是为了给我送钱，娘自己是很难赚到钱的，那些钱，包括我的学费什么的，都是村里人接济的。那些善良的人们，自从我进入那个家门，他们对我们的帮助就从未间断过。

高三上学期的一天，刚经历了一次考试，我和一个住校的女同学一边往宿舍走一边讨论着试题。到宿舍门前时，竟发现娘站在那里，风尘仆仆的，三十里的路，她一定又是徒步走来的。她看见我和我的女同学，愣了一下，猛地冲过来，高高扬起手，

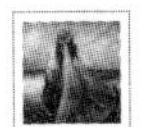

停了一会儿，慢慢地落在我的脸上，轻轻地抚摸了一下，那一刻，我的心底涌起一种巨大的感动。她从怀里掏出一卷钱塞进我的口袋里，又看了我一会儿，眼角渗出泪来，便转身走了。我转头对那个女同学说："这是我娘……"

那竟是我和娘最后一次见面，她在一个月后的一天夜里，静静地离开了这个世界，这一年，她六十二岁。我常想起最后一次见到娘时的情形，她用最温暖轻柔的一个抚摸，把她的今生定格在我的生命里。

我考上师范的时候，回村里迁户口，乡亲们为我集了不少钱，并在小学校里摆了几桌饭，为我送行。

席间，老村长对我讲起了娘的过去，这是我第一次听到娘的来路。

老村长说，娘原本是邻乡一个村子的村民，丈夫死于煤井中，她拉扯着一个儿子艰难地生活，就像当初养活我一样。她的儿子上了中学后，由于早恋，成绩越来越差，任她怎么管教也无济于事。到最后，她也就不去管了。可是后来，和儿子谈恋爱的那个女生感情转移，儿子也因此退了学，整日精神恍惚。她本来觉得时间一长就好了，可是有一天，这个孩子投进了村南的河里，淹死了。从那以后，她就变得疯疯癫癫，家也不要了，开始了走村串屯乞丐一般的生活。直到到了这个村子，她才在这里安下身来。

那一刻，我忽然就记起了娘打我的那两次，心中顿时恍然。

就觉得曾被娘打过的地方，又开始疼起来，直疼到心里，我的眼泪落下来。

以后的生活中，对娘的思念已成了一种习惯，常常于不觉中满眼泪水。我在每一条路上观望，朦胧的目光中再也寻不见那个蹒跚的背影。娘当初的泪水如今都汇集到我的眼中，而那背影已是远到隔世。我最亲的娘，她的眼泪与背影，竟成了我今生今世永远都化不开的心痛。

Don't Cry

Title/ 老爸，别哭

Author/ 邱长海

当父亲给儿子东西的时候，儿子笑了；当儿子给父亲东西的时候，父亲哭了。

小的时候，没有文化的父亲教育儿子：长大了穿皮鞋，当城里人。父亲说，他早年间到城里人家要饭，狗咬他，他拿打狗棍往狗嘴里戳，主人就拿穿皮鞋的脚踢他。

在上世纪 80 年代的鲁南农村，皮鞋是个稀罕物。“大皮鞋，呱呱叫，上火车，不要票！”小孩们几乎都会唱这段顺口溜。而对于像父亲这些穿了半辈子草鞋、布鞋的泥腿子们来说，皮鞋就是吃香喝辣过好日子的代名词。

记忆里，我第一次穿皮鞋是在 1982 年。那年我四岁，玩耍时不小心掉进了邻居家的地瓜窖里，摔断了腿。父亲用平板车把我拉到三十里外的县城医院里，医生说，这孩子的腿保不住了，恐怕要截肢。父亲跪下就给医生磕头，磕了一头血泡，医生只是叹息。父亲疯了一样拉着我换了一家又一家医院——孩子的脚都没有了，拿什么来穿皮鞋呢？

后来，几乎绝望的父亲把我抱到城郊医院的老先生面前，老先生在我腿上捏了几下，说，这孩子的腿能治。父亲一下子又给老先生跪下了。

穷人家的孩子生命力就是顽强，同病房的几个城里断胳膊的人每天猪肉炖苔菜加白面馒头养着不见好，我吃着母亲从老家里送来的地瓜煎饼和咸菜，腿却奇迹般地好了起来。住了二十多天，医生就通知我们出院了。

我在床上躺了三个月。一天中午，父母从地里回来，把我抱出来晒太阳。院子里有棵小槐树，我扶着它，慢悠悠地站起来，又试着向前挪了一步。“我能走路了！”听到我的喊声，父母从厨房里冲出来，看到我在走路，他们泪水哗哗地往下淌。

那天的午饭，父亲买了五毛钱的豆腐，一家人改善生活——为了给我治腿，我们家已经接近赤贫了。下午，父亲没有下地，挎着炒好的一篮子花生进了城。在我出院后的每周里，父亲都要去这么一趟，先到工人文化宫前卖掉熟花生，再到医院里去拿我一周用的药品。

那晚天黑了很长时间，父亲才顶着一头冰霜回来，进门就到我床前，满脸挂着笑。他变戏法似的从篮子里摸出一双鞋——皮鞋，又从被窝里掏出我的小脚丫，给我穿上，然后心满意足地欣赏着。“我儿子能穿皮鞋了！”他对母亲说。

我至今清楚地记得父亲说那句话时的样子。父亲的话给了我巨大的动力，几年后，我上学了。从小学一年级开始，我的成绩一路扶摇直上，到高一那年，周围几个村子的人们都提前喊我大学生了。

腊月二十七是我们镇上的大集。我穿着拖鞋，把自己唯一的一双白运动鞋洗了，准备过年。父亲杀了家里的一只羊，到集上卖肉换年货。下午的时候，他买了一双皮鞋——实际上是人造革的，喜滋滋地进了门。人家要二十块，父亲还价十块，最后十四块钱成交。他一高兴，拿成了两只一样的。父亲不肯吃饭，执意要骑着自行车去换。他回来的时候，外面纷纷扬扬飘起了大雪，饭已经凉了。

那是我穿的第二双皮鞋。看着头发眉毛上挂着雪花的父亲，我在心里发誓：将来挣了钱，一定给父亲买一双真正的皮鞋。

六十多岁的父亲瞒着我到滕州城里收破烂，人家当破烂扔了一双皮鞋，父亲拾回来，准备回家擦洗一下，穿在脚上过年。晚上，一家人围在火炉边烤火，父亲宝贝似的捧着鞋擦洗。那年我上高三，印象里那是他穿过的第一双皮鞋。可父亲说，他年轻的时候，走南闯北，到大上海时脚上穿过皮鞋的。看我不信，他有些生气，说：“等你小子将来出息了，就给我买双皮鞋，要最好的！”

我不知道父亲年轻时穿没穿过皮鞋，只是知道，爷爷去世得早，父亲跟着奶奶到处逃荒要饭，再后来挑着货郎担子走街串巷，挣钱养活年幼的叔和姑，并给他们成了家，自己到三十多岁才找到我的母亲。儿子还没长大，父亲已经老了。

我大学毕业领了第一个月的工资，给父亲花八十多块钱买了一双百货大楼里打折的皮鞋。父亲不舍得穿，只在过年或走亲戚时穿穿就收起来。2002 年国庆长假，父母一起来济南，父亲脚上穿的就是我给他买的那双皮鞋。他们在我家住了一周，就嚷嚷着回去。父亲说：“皮鞋有什么好，捂脚！哪有俺在老家穿布鞋舒服。”父亲不知道，儿子买的鞋质量太差，好皮鞋是不捂脚的。我就想着给父亲买双好皮鞋，这一想两年过去了，留给儿子一辈子的遗憾。

2004 年 3 月，父亲走亲戚路上摔倒，高血压引发脑血栓，在医院里躺了一个月，最终没有站起来。到了中秋节，我从济南回老家看他，他已经瘦得没有人样。他抓住我的手，要我买给他的那双皮鞋。母亲从柜子里翻出来给他，他拿着鞋哭了。皮鞋，对他来说，已经没有用了。一个多月后的 10 月 12 日的夜里，叔家的大哥打电话告诉我父亲去世的消息。四百多里路，我哭着赶回家。母亲说，父亲弥留之际，母亲给他穿鞋，说：“老头子，你这辈子落下个残废，到那辈子一定得穿鞋走路啊！”

那是我早就给他准备的送老鞋——一双布鞋，按照我们老家的习俗，人走是不能穿皮鞋的！

父亲下葬后的第二天，我把当年给他买的那双皮鞋以及他的衣物在他坟前烧掉了。火光里，晃动着父亲当年冒雪给我买鞋时的情景。想起那句话："当父亲给儿子东西的时候，儿子笑了；当儿子给父亲东西的时候，父亲哭了。"我忍不住留下热泪。

父亲，你知道吗？在城里，也有人穿布鞋，也许只有在那美丽的天堂里，人人才都有皮鞋穿！

To the world you may be one person, but to one person you maybe the world.

Naivety

Title/ 爱的发声练习

Author/ 佚名

一组专家向一些四到八岁的孩子提问："爱是什么意思？"

孩子们的回答比任何人所想象的要深刻。你也读一读吧：

我的祖母得了关节炎，她不能弯腰给自己的脚趾涂指甲油了。所以祖父就帮她涂指甲油，一直到他也得了关节炎，他还这样做。这就是爱。

——Rebecca 八岁

如果一个人爱你，他叫你名字的方式是不同的。你知道你的名字在他嘴里是安全的。

——Billy 四岁

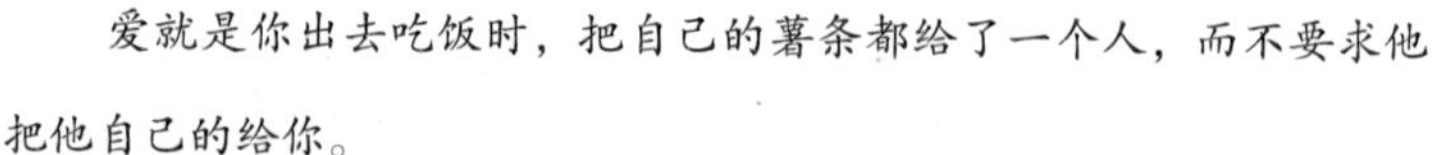

爱就是你出去吃饭时，把自己的薯条都给了一个人，而不要求他把他自己的给你。

——Chrissy 六岁

爱就是累的时候让你笑起来的东西。

——Terri 四岁

爱就是当我妈妈为爸爸煮咖啡时，在端给他之前先尝一尝，来确保味道是好的。

——Danny 七岁

爱就是在圣诞节时，当你停止打开礼物，静下心来倾听时，在房间里伴随你的东西。

——Bobby 七岁

如果你想学习更好地爱，就应该从你恨的人开始。

——Nikka 六岁

爱就是当你告诉一个人你喜欢他的衬衫，他就天天穿着。

——Noelle 七岁

爱就像一个老太太和一个老头儿，即使他们已经相互非常了解了，他们还是朋友。

——Tommy 六岁

在我的钢琴演奏会上，我在舞台上非常害怕。我看着台下的所有观众，看到爸爸对我招手微笑。只有他在这样做。我不再害怕了。

——Cindy 八岁

我妈妈比所有人都爱我。我从来没见过别人用亲吻来让我入睡。

——Clare 六岁

爱就是妈妈给爸爸最好的一块鸡肉。

——Elaine 五岁

爱就是当妈妈看到爸爸浑身汗臭，还说他比布拉德•皮特更帅。

——Chris 七岁

爱就是即使把你的猫关在家里一整天，回来时它还是舔你的脸。

——Mary Ann 四岁

我知道我姐姐爱我，因为她把旧衣服都给我了，只好出去买新的。

——Lauren 四岁

当你爱一个人时，你的眼睫毛眨呀眨的，小星星就从你眼里出来了。

——Karen 七岁

只有当你真的爱一个人时，才能说“我爱你”。并且如果你真这么想，你就应该多说“我爱你”。大人们总忘记这一点。

——Jessica 八岁

Treasure

Title/ 我们是彼此最爱恋的宝贝

Author/ 连谏

我的青春，如此逼人，而那个给了我生命与宠爱的男人，却来不及等我爱他，就迅速老掉了。

四十岁的时候，他才有了我。按照家乡的风俗，要给左邻右舍送染得红艳的蛋。他兴致勃勃地去市场上买来很多光亮饱满的鸡蛋，自己在家里煮，然后用廉价的颜料，将每一个鸡蛋都染得漂亮光鲜。

我们是彼此最爱恋的宝贝。妈妈说，他是起早提了一百个鸡蛋，去周围的几栋楼上送的。挨家挨户地敲门，在别人陌生疏离的目光里，极骄傲极响亮地说：“我生了个宝贝千金，六斤六两，早晨六点，最吉利的时候呢！”但还是有人，在他转身离去的时候，说：“不过是一个收破烂的，说不定这女孩子将来也承继他的事业呢。”这样的话，他从来都是很快地忘掉。事实上，他是太兴奋了，甚至在路上碰到抱了孩子的母亲，也会凑上前去，呵呵傻笑说：“我们家千金也是这么漂亮呢！”许多人看着他因为长期收拾破烂而皴裂枯败的手，常常不等他走近，就抱了孩子远远躲开去。他并不恼，脸上依然堆着笑，顺便将人家刚刚丢给他的矿泉水瓶捡起，哼着曲子笑着赶回家去看他襁褓中的宝贝。

我长到六岁的时候，开始喜欢跟着他，在这个城市里四处转悠。那些炫目斑斓的彩灯，让人觉得无法呼吸的高耸的楼房，穿着细高跟鞋哒哒走来走去的女子，宾馆里要小心才不会滑倒的光亮的地板……比他买给我的糖块，还要温暖诱人。尽管我可以从口袋里漫不经心地剥一块糖丢进嘴里，而这些诱惑着我的东西，却始终装在透明的盒子里，任我怎么努力，也无法打开将它们取出来。

他每天用三轮车载着我，穿行在这个城市的马路上，高声地吆喝着。常常有路人开玩笑，说：“这个小孩子也是你捡来的吗？”他一向很温和，但唯独这句话，总会让他急。偶尔他还会很大声地与人争吵，说：“这是我自己亲生的宝贝女儿，凭什么说是捡来的？！”路人看他这么较真儿，便笑笑，嘟囔一句：“你做爷爷还差不多，这么老。”

我那时是个野丫头，且被他宠坏了，什么人都不怕。看到别人欺负他，就会跳下车去，跟人辩论，说：“我爸爸才不老呢！

他最有劲了，可以一口气扛几十个大包，将几个人打倒！”他在一旁听了，常会和路人一起哈哈大笑起来。我知道他的笑里，全是对我的爱恋。再没有什么，能让那一刻的他，那样快乐，骄傲无比。

十岁的时候，我突然开始有了小小的自私，再不愿与他出去。那时他开始开电动三轮车，前面放个高音的喇叭，是我的童声，毫不客气地一遍遍大喊：“收破烂啦！”车突突地开过去，许多人便回头笑看着指点。我终于知道那笑容里，其实更多的，是对我和他的同情。而同情，再往前走一步，就是嘲弄吧。

他依然是不在乎的，事实上，他除了我，对什么都不放在心上。哪怕在外面被街头混混掀翻了车子，将喇叭摔得几乎不能出声，还把他的秤杆藏到一大堆破烂里，他都不在意。在这样的欺负里，他没有哀伤，只要回到家，我就跑上来高喊他：“爸爸，有没有好东西给宝贝？”我是他的宝贝，从来都是。他每次都会给我捡回好玩的东西，有时是一条掉色的项链，他擦干净了，给我佩戴在脖子上。有时是一个淡紫色的气球，他用力吹到最大，扎了口，尔后砰一声拍到半空去，看我笑跳着去抢。妈妈总说：“不要这么宠她，宠坏了怕是连你也要凶。”他便笑，“宝贝生下来不就是让我宠的吗？”

有一次在放学的时候，远远地看他走过来，身边的一个同学便喊：“韩小丫，你爷爷来了！”我看他飞快地将三轮车开过来，知道他要载我回家，突然有些难过。第一次觉得他的老，他的卑微，原来会让我的生活，如此的尴尬和落魄。那天我是在同学的嬉笑里，从小路逃回家去的。慢慢滋生的敏感与自私，就这样，让我开始逃离他无处不在的宠爱。

他知道我不再喜欢跟着他到处乱跑，也不勉强，但还是怕爱玩的我寂寞，便买回来一只大狗。它很瘦，弱不禁风的样子，我便给它起名“大壮”。周末的时候，牵着它四处游逛。它跟我很快地熟悉了起来，但是对他却一脸的警惕，对他捡回来的骨头，也是爱搭不理的模样。我知道是因为他很少来爱抚大壮，他宁肯回来后泡杯茶，翻看我的作文，也不愿逗它。我责问他，为什么不喜欢大壮。他便逗我，说：“大壮哪有宝贝好。”这句话，几乎成了他的口头禅，多得让我每次听到，都觉得，那不过是句玩笑。

然而有一次，他让我知道，这句话原来并不只是他拿来逗我的口头禅。那天他又被两个地痞缠住，他微笑着说了一通好话，依然不能摆脱掉他们。恰恰我和大壮经过，看到他被地痞欺负，一车的废纸，都被掀翻在地。我看着那两个一脸凶恶的男人，突然地想要逃走，被我牵着的大壮却是一下子挣脱掉我，扑上去拼命地撕咬两个地痞，终于让他们惨叫着逃走。我走过去，悄无声息地帮他收拾满地的废纸。我以为他会责怪我，在他遇到困难的时候，我连大壮都不如，却听见他依然是那句，“谁都没有宝贝好。”我的眼泪，唰地一下子流了出来。原来他的心里，除了爱，再没有别的东西。

我读大学那一年，他已接近六十岁，头发花白，手脚也不再利索。为了我的学费，他还是踩遍城市每一个有垃圾可寻的

角落。重力气的活儿，再没有人找他去做，即便是他逞能，扛一百多斤重的大包给人看，但还是一次次被冷硬地拒绝了。废品回收站的人，便与他开玩笑，说，“老韩，你自己都快成废品了，还装年轻，再不爱惜自己，真累倒了可没人会疼你！”他便爽朗地大笑，说：“谁说没人疼，我家宝贝就会呢！”

我相信他说这句话的时候，心底一定都是温暖。虽然我一年才会回家一次，但想念本身，就已让他幸福。我那时候谈了一场恋爱，小心翼翼地，不想让对方知道自己在城市里有个如此灰暗的家。男孩的父母，皆是城市的上层，有精英人士惯有的冷漠和客气。我站在他家照得见人影的地板上，突然觉得遗失了那个被人宠爱的自己。他们并不知道我的出身，不知道我有一个捡破烂的父亲，但我隐在骨子里的自卑，还是让他们窥见了我的秘密。终于有一次，男孩的母亲递过一杯饮料后，淡淡地问我：“你父亲做什么的？”我低头看着手中那么熟悉的饮料瓶，想起他曾用这些塑料瓶子，给我制作过彩灯、存钱罐、可爱的小人儿，但是，他从没有品尝过里面的滋味。我慢慢喝下一口，终于在酸甜又略带了苦涩的味道里，抬起头，说：“我爸爸，他将这样的瓶子收回去，卖钱供我读书……”

我最终和那个男孩分了手，尽管男孩坚持说不会介意，但我知道，他的父母会。我的父亲已是慢慢地老去，脊背也开始弯，站在我的面前，需要抬头才能看到他深爱的宝贝，所以我不愿让他被别人的视线，压得更低。

这件事，我始终没有向他提起过。因为他，我无法与别人一样，享有一段快乐平等的爱情。可是，也因为他，我拥有那样任性豪爽的年少时光。

大学毕业后，我找到一份安稳的工作，可以每月领到不薄的薪水。我用第一个月挣到的钱，去给他买一件早已看好的名牌衬衣。临到付钱的时候，导购小姐突然问我，“你父亲胖吗？你最好打电话确认一下尺码，这样不会造成麻烦。”我随口接道：“大约一百斤吧。”身旁的一群人，一下子笑起来，说：“有这么瘦的男人吗？”我的脸，倏地红了。这是我第一次，从别人的哄笑里，看到他的瘦弱和无助。是什么，让那个原本可以背着我一路小跑回家去的男人，这样快地老掉了？我的青春，如此逼人，而那个给了我生命与宠爱的男人，却来不及等我爱他，就迅速老掉了。

不管我怎么说，他都舍不得在家里穿上我新买的衣服。他只是呵呵地笑着，说那句我习以为常的口头禅：“谁都没有我们宝贝好”。但这句话说完，却没有像往昔那样，给我絮叨听过即忘的琐事，却是很奇怪地拿着衣服走出去，发动三轮车出了门。

妈妈说：“你爸近来越来越糊涂了，真的是老了，不是刚收破烂回来吗，怎么又出去？”

我在妈妈的吩咐里，到马路上找他回来。刚出了小巷，便听见一声声苍老却底气十足的喊声：“收破烂啦！”我站在梧桐树下，看见他开着空车，很卖力地吆喝着。他的身上，穿着我给他买的名牌衬衣。他是那么瘦，似乎整个人都套在里面。

他的下身，依然是短裤，脚上，穿着快要断裂的凉拖。名牌的衣服，没有让他高贵，反而尽显出他的滑稽和寒酸。

我就这样看着他快乐地开着三轮，在马路上高喊。遇到有人要卖废纸，却并不停下来，而是一昂头，高傲地开过去。我终于在他溢得满地都是的幸福里知道，不管他如何地老去、黯淡，不管我怎样地耀眼、光鲜，我们都将是彼此最爱恋的宝贝。

Sometimes the hardest part isn't letting go, but rather learning to start over.

Heaven

Title/ 守望天堂的时光

Author/ 佚名

我的心像被撕开了一道口子，二十几年光阴覆盖的痛，就那样一下被撕裂。

一

五岁的时候，你说我不能再叫你妈，要叫你婶，管大妈叫妈。

五岁的时候，父亲因病去世了，你把我送给了大妈做儿子。

五岁的时候，我常常趴在低矮破旧的院墙上，看着我曾经的兄弟姐妹围在你身边，等着一锅粗面馒头出锅。一双双肮脏的小手迫不及待地伸出来……你驱逐着他们，愤愤地说他们是一个个小饿死鬼。

他们不走，依旧围在你身边，眼睛盯着黑糊糊的锅盖。

你抬头看见我，刚刚还充满愤怒的眼神忽然变得充满愧疚，你一定有些慌乱，不停地在衣服上擦手，然后朝我招招手，小心翼翼地喊我的小名，石头。

他们也飞快地仰起头来，看到我，一起笑，我不能分辨那样的笑是善意的还是嘲弄的，便飞快地从墙头上溜下来，撒腿朝不远的新家跑去。

冲进门，大妈正在煮鸡蛋，说："石头你又跑哪去了，快，来吃鸡蛋。"

我不说话，闷声接过还烫手的鸡蛋，蹲在地上找了个石头磕几下，蛋壳碎了，露出诱人的蛋白，我赌气一样一口吞下。

大妈在旁边爱怜地看着我。

过了大半年，我才肯叫她妈。她很疼我，是真的很疼我。她是个温和的女人，也许因为她读过书，大伯又在外面做事的缘故。而你总是在焦虑的时候骂我们这些孩子，好像是我们让你的生活变得困苦。

或许你终于是厌倦了，终于不肯再负担，所以那天大妈一开口，你就迫不及待地将我推到了她面前。你说："石头是这几个孩子里最听话的，你就要了他吧。"

大妈把我拉到身边，抚摩我乱糟糟的头发，似乎犹豫了片刻，点了点头。

你好像终于松了口气，眼神轻松起来。是那样的眼神，才让我小小的心里忽然充满了怨恨，你把我抛弃了，你不要我了，你为此感到轻松。

家里真的很穷，哥哥和姐姐常常为争一块馒头打得不可开交。寒冷的冬天，我们兄弟姐妹四个人挤在一床被子底下取暖。记忆中的夏天我们总是光着脚度过……

这是你把我送出去的理由吗？可是你知道吗？纵然再贫穷，那也是我的家。而你，把我从家里赶走了，不再让我叫你妈。

对一个五岁的孩子来说，那是一种巨大的痛苦。大妈为我穿上新衣的那天，我一言不发地咬着嘴唇。你说："石头打扮起来就是好看，石头的眉眼好。"

大妈点着头，我却快要把嘴唇咬破了。我心里只有一个念头，你抛弃了我。

你真的抛弃了我。我住到大妈家的第二天，你来送你给我做的一双鞋子，我喊了你一声妈。你慌忙说："石头，叫婶。"

大妈说："孩子想叫什么就叫什么，以后，他有两个妈。"

你固执地摇头，"不能那样，有规矩的，不能乱了规矩。"然后又重复一遍，"叫婶。"

二

大妈温和而且耐心地爱着我，爱着一个心里充斥着屈辱和怨恨的孩子，慢慢地用她饱满的爱将我一点点改变。我毕竟还小，容易被温暖。我终于叫她妈的那天，她哭了。

七岁，我读小学的时候，我和妈跟着父亲——也就是曾经的大伯去了城里。

兴许是我的缘故，妈对你和那个家越来越照顾。走的时候，体面的房子都给了你，还有那些看起来不错的家具。那天你一直在看我，后来你伸手想摸摸我的头，我躲开了。

第二天，我跟着妈离开了生活了七年的乡村，离开了你。

三

对一个孩子来说，忘记真的很容易。城里的生活很新鲜，对我充满了诱惑力。我只用了很短的时间就改变了一个农村孩子多年的生活习惯，越来越像城里那种洋气的小孩。穿校服，穿白运动鞋，头发短而整齐，说普通话。我不让妈再叫我石头，而是叫我的大名，张谦。

四

我没有想到你会来。秋天的季节，街上刚刚有落叶的日子。那天放学回到家，进门就看见你。

我不知道那时候你多大的年纪，看起来像个老妇人，颜色暗淡的衣服，很久没有清洗的头发，还有粗糙的手指。看到我，你充满着慌张和惊喜，怯怯地唤我："石头。"

"别叫我石头。"我粗暴地打断你，"我叫张谦。"

你一下不知所措起来，张了张口，没有说出话。妈端着菜从厨房里出来，说："张谦，不许这么跟婶说话，婶是来看你的。"

饭桌上竟然有新鲜的玉米。我不假思索地伸手拿了一个贪婪地啃。这是我小时候最爱吃的，但那时候你总舍不得在它们正新鲜的时候摘下来煮给我们吃，总要等到熟得咬也咬不动。

妈说：“就知道自己吃，婶大老远给你背来的，你这孩子，怎么越来越不懂事。”

咯噔一下，我猛地被噎住了，手里的玉米吃也不是放也不是。你慌忙站起来捶我的背。我咳了一声，咳出一粒玉米。你说慢点吃慢点吃，婶给你拿了好多呢……

我却失去了吃的兴趣，因为是你拿来的。我不想再接受你给我的任何东西——爱，或者其他。你将我送了人，我和你已经没有关系。

五

你住了一晚，一直在和妈说话。我听到你们很少的对话，妈说：“孩子在这里，你放心吧，以后想了就来看看。”你低声地说：“放心放心，不来了不来了……”

你就真的没有再来过。

我读了初中，读了高中。那些年里姐出嫁了，哥也娶了媳妇，小妹去了广州打工，你身体不太好……这些事是妈告诉我的。听的时候，我一直沉默着。妈说：“你考上大学回去看看婶吧，这些年，她一直惦记你。”

我沉默片刻，摇了摇头。太久了，我不知道该怎样和你相处，犹如陌生人，是曾经爱过也怨过然后忘记了的陌生人。

1998 年夏天，我考上了大学。妈又让我回去看你，我还是拒绝了。妈说你肯定会来的，这次，她把我考上大学的消息告诉了你。

你却没来，让人带了三千块钱。看着那些钱，我不置可否。

钱，妈又让人给你带了回去，还带了一些药。你的心脏不好，腰也不好，一到阴天就会疼。妈说三千块钱可能是你攒了一辈子的。

其实你真的不用这样，我已经不再怨你。但是爱你，也已经不可能。

六

大学生活更加忙碌，看世界，谈恋爱，想未来……毕业，工作，继续谈恋爱……不到三十岁的男人总觉得自己会有无限好的生活，并努力为之打拼。

你终于病倒了。这次，妈没有征求我的意见，而是下命令："张谦，你必须回去。"

回村的路途漫长而陌生。等在车站的是已经年过四十的大哥。"妈快不行了。"他说，"就是咽不下那口气，在等你。"

你真老，满头的白头发，可是大哥说你才六十四岁。你看起来像八十四岁。

你的一双手干枯得只剩下皮。我站在你身边，为眼前的情形心酸，忽然想喊你一声妈，像小时候那样，可张了张口，喊的却是婶。

你听见了，伸出手摸索着找我的手。我弯下身来。你想说什么，可你太虚弱了，我只得将身体弯得更低，低到你的耳边。

断断续续，五个字，你说了好半天：“石头，别怨妈……”

石头，别怨妈。五个字，我的心像被撕开了一道口子，二十几年光阴覆盖的痛，就那样一下被撕裂。你的手一松，我慌忙去握，终于握住，硌得我的掌心生疼。

你就那样走了。听到哭声一片，我呆呆地伏在你身边，握着你瘦削的手指，久久没有眼泪流出。

七

那晚，我和大哥为你守灵。

大哥是个有些讷言的汉子，断断续续地说：“石头，那些年，因为你，我一直生妈的气。不是气她把你送走了，是气她送了你而不是我……”

我是出生在中间的孩子，上有哥姐下有妹，出生时就身体不好，多病，吃饭时总抢不过他们。大妈没有孩子，又看我们生活艰难，想过继一个抚养。那时哥已多少懂得生活，晓得大妈家里富裕，哭着喊着要过去。而我们家乡的风俗，过继给人的也应该是长子。为了我，你却硬是违了这个例……

你一定要将我送出去，我不知道那一刻你的心有多疼。而你在失去我的那么多年里，是怎样隐忍着不去看我，不去打扰我的生活。这么多年，我始终是你生命里的一道伤口，再也没有复原。

你爱了我一生，想了我一生，也疼了一生。

你还能拿什么来爱我呢？在生活的苦难面前。而如今，我又能拿什么回报你呢？在生命的无情面前。

大哥说：“妈是想你想得，把心想坏了。”

眼泪终于开始流下来。在你的面前，第一次，我哭得像个不懂事的孩子。

Flowers

Title/ 爸爸的花儿落了

Author/ 林海音

爸是多么喜欢花，每天他下班回来，第一件事就是浇花。

新建的大礼堂里，坐满了人；我们毕业生坐在前八排，我又是坐在最前一排的中间位子上。我的襟上有一朵粉红色的夹竹桃，是临来时妈妈从院子里摘下来给我别上的，她说："夹竹桃是你爸爸种的，戴着它，就像爸爸看见你上台时一样！"

爸爸病倒了，他住在医院里不能来。

昨天我去看爸爸，他的喉咙肿胀着，声音是低哑的。我告诉爸，毕业典礼的时候，我代表全体同学领毕业证书，并且致谢词。我问爸，能不能起来，参加我的毕业典礼？六年前他参加了我们学校的那次欢送毕业同学同乐会时，曾经要我好好用功，六年后也代表同学领毕业证书和致谢词。今天，“六年后”到了，我真的被选做这件事了。

爸爸哑着嗓子，拉起我的手笑笑说：“我怎么能够去？”

但是我说：“爸爸，你不去，我很害怕。你在台底下，我上台说话就不发慌了。”

“英子，不要怕，无论什么困难的事，只要硬着头皮去做，就闯过去了。”

“那么爸爸不也可以硬着头皮从床上起来到我们学校去吗？”

爸爸看着我，摇摇头，不说话了。他把脸转向墙那边，举起他的手，看那上面的指甲。然后，他又转过脸来叮嘱我：“明天要早起，收拾好就到学校去，这是你在小学的最后一天了，可不能迟到！”

“我知道，爸爸。”

“没有爸爸，你更要自己管自己，并且管弟弟和妹妹，你已经大了，是不是？”

“是。”我虽然这么答应了，但是觉得爸爸讲的话很使我不舒服，自从六年前的那一次，我何曾再迟到过？

当我在一年级的时候，就有早晨赖在床上不起床的毛病。每天早晨醒来，看到阳光照到玻璃窗上了，我的心里就是一阵愁：已经这么晚了，等起来，洗脸，扎辫子，换制服，再到学校去，准又是一进教室被罚站在门边。同学们的眼光，会一个个向你投过来，我虽然很懒惰，却也知道害羞呀！所以又愁又怕，每天都是怀着恐惧的心情，奔向学校去。最糟的是爸爸不许小孩子上学乘车的，他不管你晚不晚。

有一天，下大雨，我醒来就知道不早了，因为爸爸已经在吃早点。我望着大雨，心里愁得不得了。我上学不但要晚了，而且要被妈妈打扮得穿上肥大的夹袄，踢拖着不合脚的油鞋，举着一把大油纸伞，走向学校去！想到这么不舒服的上学，我竟有勇气赖在床上不起来了。

过了一会，妈妈进来了。她看我还没有起床，吓了一跳，催促着我，但是我皱紧了眉头，低声向妈哀求说："妈，今天晚了，我就不去上学了吧？"

妈妈就是做不了爸爸的主意，当她转身出去，爸爸就进来了。他瘦瘦高高的，站在床前来，瞪着我："怎么还不起来，快起！快起！"

"晚了！爸！"我硬着头皮说。

"晚了也得去，怎么可以逃学！起！"

一个字的命令最可怕，但是我怎么啦？居然有勇气不挪窝。

爸气极了，一把把我从床上拖起来，我的眼泪就流出来了。爸左看右看，结果从桌上抄起鸡毛掸子倒转来拿，藤鞭子在空中一抡，就发出咻咻的声音，我挨打了！

爸爸把我从床头打到床角，从床上打到床下，外面的雨声混合着我的哭声。我哭号，躲避，最后还是冒着大雨上学去了。

我是一只狼狈的小狗，被宋妈抱上了洋车——第一次花钱坐车去上学。

我坐在放下雨篷的洋车里，一边抽抽搭搭地哭着，一边撩起裤脚来检查我的伤痕。那一条条鼓起来的鞭痕，是红的，而且发着热。我把裤脚向下拉了拉，遮盖住最下面的一条伤痕，我最怕被同学耻笑。

虽然迟到了，但是老师并没有罚我站，这是因为下雨天可以原谅的缘故。

老师叫我们先静默再读书。坐直身子，手背在身后，闭上眼睛，静静地想五分钟。老师说："想想看，你是不是听爸妈和老师的话？昨天的功课有没有做好？今天的功课全带来了吗？早晨跟爸妈有礼貌地告别了吗？……"我听到这儿，鼻子抽搭了一大下，幸好我的眼睛是闭着的，泪水不至于流出来。

正在静默的当中，我的肩头被拍了一下，急忙睁开了眼，原来是老师站在我的位子边。他用眼神告诉我，叫我向教室的窗外看去，我猛一转过头，是爸爸那瘦高的影子！

我刚安静下来的心又害怕起来了！爸为什么追到学校来？爸爸点头示意招我出去。我看看老师，征求他的同意，老师也微笑地点点头，表示答应我出去。

我走出了教室，站在爸面前。爸没说什么，打开了手中的包袱，拿出来的是我的花夹袄。他递给我，看着我穿上，又拿出两个铜板来给我。

后来怎么样了，我已经不记得，因为那是六年以前的事了。

只记得，从那以后，到今天，每天早晨我都是等待着校工开大铁栅校门的学生之一。冬天的清晨站在校门前，戴着露出五个手指头的那种手套，举了一块热乎乎的烤白薯在吃着。夏天的早晨站在校门前，手里举着从花池里摘下的玉簪花，送给亲爱的韩老师，她教我跳舞。

啊！这样的早晨，一年年都过去了，今天是我最后一天在这学校里啦！

当当当，钟声响了，毕业典礼就要开始。看外面的天，有点阴，我忽然想，爸爸会不会忽然从床上起来，给我送来花夹袄？我又想，爸爸的病几时才能好？妈妈今早的眼睛为什么红肿着？院里大盆的石榴和夹竹桃今年爸爸都还没有上麻渣，因为叔叔给日本人害死，他急得吐血了，到了五月节，石榴花没有开得那么红、那么大。如果秋天来了，爸还要买那样多的菊花，摆满在我们的院子里、廊檐下、客厅的花架上吗？

爸是多么喜欢花。

每天他下班回来，我们在门口等他，他把草帽推到头后面抱起弟弟，经过自来水龙头，拿起灌满了水的喷水壶，唱着歌儿走到后院来。他回家来的第一件事就是浇花。那时太阳快要下去了，院子里吹着凉爽的风，爸爸摘一朵茉莉插到瘦鸡妹妹的头发上。陈家的伯伯对爸爸说：“老林，你这样喜欢花，所以你太太生了一堆女儿！”我有四个妹妹，只有两个弟弟。我才十二岁……

我为什么总想到这些呢？韩主任已经上台了。他很正经地说："各位同学都毕业了，就要离开上了六年的小学到中学去读书，做了中学生就不是小孩子了，当你们回到小学来看老师的时候，我一定高兴看你们都长高了，长大了……"

于是我唱了五年的离歌，现在轮到同学们唱给我们送别："长亭外，古道边，芳草碧连天。问君此去几时来，来时莫徘徊！天之涯，地之角，知交半零落，人生难得是欢聚，唯有别离多……"

我哭了，我们毕业生都哭了。我们是多么喜欢长高了变成大人，我们又是多么怕呢！当我们回到小学来的时候，无论长得多么高，多么大，老师！你们要永远拿我当个孩子呀！

做大人，常常有人要我做大人。

宋妈临回她的老家的时候说："英子，你大了，可不能跟弟弟再吵嘴！他还小。"

兰姨娘跟着那个四眼狗上马车的时候说："英子，你大了，可不能招你妈妈生气了！"

蹲在草地里的那个人说："等到你小学毕业了，长大了，我们看海去。"

虽然，这些人都随着我的长大没有了影子了。是跟着我失去的童年一起失去了吗？

爸爸也不拿我当孩子了，他说："英子，去把这些钱寄给在日本读书的陈叔叔。"

"爸爸！"

“不要怕，英子，你要学做许多事，将来好帮着你妈妈。你最大。”

于是他数了钱，告诉我怎样到东交民巷的正金银行去寄这笔钱——到最里面的台子上去要一张寄款单，填上“金柒拾元也”，写上日本横滨的地址，交给柜台里的小日本儿！

我虽然很害怕，但是也得硬着头皮去——这是爸爸说的，无论什么困难的事，只要硬着头皮去做，就闯过去了。

“闯练，闯练，英子。”我临去时爸爸还这样叮嘱我。

我心情紧张地手里捏紧一卷钞票到银行去。等到从最高台阶的正金银行出来，看着东交民巷街道中的花圃种满了蒲公英，我很高兴地想：闯过来了，快回家去，告诉爸爸，并且要他明天在花池里也种满了蒲公英。

快回家去！快回家去！拿着刚发下来的小学毕业文凭——红丝带子系着的白纸筒，催着自己，我好像怕赶不上什么事情似的，为什么呀？

进了家门来，静悄悄的，四个妹妹和两个弟弟都坐在院子里的小板凳上，他们在玩沙土，旁边的夹竹桃不知什么时候垂下了好几枝，散散落落的很不像样，是因为爸爸今年没有收拾它们——修剪、捆扎和施肥。

石榴树大盆底下也有几粒没有长成的小石榴，我很生气，问妹妹们：“是谁把爸爸的石榴摘下来的？我要告诉爸爸去！”

妹妹们惊奇地睁大了眼，她们摇摇头说：“是它们自己掉下来的。”

我捡起小青石榴。缺了一根手指头的厨子老高从外面进来了，他说：“大小姐，别说什么告诉你爸爸了，你妈妈刚从医院来了电话，叫你赶快去，你爸爸已经……”

他为什么不说下去了？我忽然觉得着急起来，大声喊着说：“你说什么？老高。”

“大小姐，到了医院，好好儿劝劝你妈，这里就数你大了！就数你大了！”

瘦鸡妹妹还在抢燕燕的小玩意儿，弟弟把沙土灌进玻璃瓶里。是的，这里就数我大了，我是小小的大人。我对老高说：“老高，我知道是什么事了，我就去医院。”我从来没有过这样的镇定，这样的安静。

我把小学毕业文凭放到书桌的抽屉里，再出来，老高已经替我雇好了到医院的车子。走过院子，看那垂落的夹竹桃，我默念着：爸爸的花儿落了。我已不再是小孩子。

Run

Title/ 我曾在月光下奔跑

Author/ 乔叶

我听人说如果在月光下奔跑，就可以让去世的亲人看见自己。恰好那天晚上月光很好，我便在月光下奔跑了很长一段路。

爸爸妈妈：

你们一定很好，我知道。昨天，去商店买电池，一对母女在看衣服，母亲正拿着一件桃红色外套在女儿身上比画，说："大了点儿，大了点儿。"她的背影让我一下子就看到了妈妈。然后，路过菜场，我看见一个身材瘦高稍微佝偻的中年男人拎着两包粉丝，穿着深蓝色的中山装，默默地行走在人流中。我有意绕到他的身边，听见他轻轻的咳嗽声，像极了爸爸。

你们都是最平凡的人。谢谢你们的平凡。

因为你们的平凡，我才可以从每一个适龄男女身上重温你们。这让我觉得，你们从未离开过我。你们的天堂和我的人间一直融合在一起，天堂和人间似乎根本没有什么区别。天堂亦是人间，当然，人间也是另一种意义的天堂。只不过许多人不明白而已。而我之所以懂得，是因为你们。你们让我成为一个清醒的天使。

爸爸离开的时候，我十五岁。伤悲刚刚平复了一些，妈妈又离开了。你们走后，我们兄妹五个虽然各自成家，却也都有点儿像野孩子：自由自在的同时也无依无靠。

因此我曾经无数次痛恨过命运的苛刻和歹毒，但，现在，我的喋喋不休早已沉寂——大哥因为工作失误身陷囹圄四年，刚刚出来；二哥离异，开一家药店，大哥正帮他经营；小弟夫妇因为经济问题畏罪潜逃，经多方努力才归案自首，现在都被判了缓刑……我和姐姐算是比较平安的，但也跟着他们一波起一波落，十指连心，流血，剧痛。在经历了这么多事之后，我终于不再抱怨。

我学会了感谢，感谢一切。

在一篇名为《谢辞》的短文中，我这样表达了自己的谢意：“痛苦之前我感谢生活，她给我平安；之后我感谢生活，她给我幸福；之中我感谢生活，她给我体验。繁华之前我感谢生活，她给我安宁；之后我感谢生活，她给我沉静；之中我感谢生活，她给我高潮。罪恶之前我感谢生活，她给我简单；之后我感谢生活，她给我深沉；之中我感谢生活，她给我挣扎。丑陋之前我感谢生活，她给我妩媚；之后我

感谢生活，她给我淡定；之中我感谢生活，她给我煎熬……我感谢生活。她值得我感谢。喜悦，残缺，遗憾，她的一切我都在感谢中照单全收。我感谢生活。她值得我感谢。每一个细节，每一种滋味，每一滴泪水掉进笑靥……”

当然，我最感谢的，还是你们。

不会再有人像你们一样爱我、我们。再也不会。

感谢你们让我们存在——也感谢你们和我们分开。因为分开，我们不得不以最快的速度成熟和成长，让心灵获得最重要的智慧和坚强。我也替你们感谢了这分开。诀别固然至痛，但也免尝了孩子们带来的纷扰和烦恼。你们可以由此享受到原始的平静安宁。这让我欣慰。

但我还是想念你们，在许多时刻。

接送孩子上学，去田野里放风筝，买一只烤白薯……每一处微小的角落里，你们都会在我的眼前跳出，栩栩如生。

一次，我听人说如果在月光下奔跑，就可以让去世的亲人看见自己。恰好那天晚上月光很好，我便在月光下奔跑了很长一段路，你们看到我了吗？我多么希望你们能看到啊。

想说的太多，说出的太少。写了这些，才发现文字不过是最贫乏的诉说方式。也许，根本无需这样的诉说。每一个孩子的存在，对你们都是一种鲜活的缅怀。我们的每一颗心，都是你们的栖居地。我们会怀抱着最纯净的祝福与感恩，带着你们，将生活继续下去。

女儿乔叶

If you were a teardrop in my eyes. For fear of losing you,I would never cry.

Grandma

Title/ 有一种爱和死，我们都还陌生

Author/ 骆冰

心里忽然有点难过，不为她的苍老，只为了这么多年无爱的空白岁月，命运将我和她拴在一起，我是那么委屈和难过。

一

我从小就不喜欢她，因为她总是打我。我在外面玩饿了跑回家，总是习惯地大喊一声奶奶，一边到处找吃的。她就会踮着脚走到我后面来，抬起手，在我的屁股上猛拍一巴掌，大吼："我让你叫奶奶！"火烧火燎地疼。我捂着屁股，眼泪打着转转。

爱，那么疼……我一直想走，回到奶奶家去。好几次趁她不注意逃离了小院子，结果没跑到村口就被她捉回来，免不了一顿打，她好像随时都有一股无名的火气。

她的钱藏在裤子口袋里，包了两层手绢。那手绢白白的，上面绣了一朵牡丹花。我一直觊觎这手绢，可她藏得严严的。她每样东西似乎都很好看，茶杯是成套的，炕上铺了大红的绒毯，鞋垫里总绣着花，头发油光光的。可是她不爱我。我就常常想起奶奶，一个人在被窝里哭。奶奶对我多好啊，夏天带我上山采野果子吃，冬天将我揣在被窝里讲孙悟空。记忆中她从没喜欢过我。前几年，她到奶奶家去，穿着崭新的紫色旗袍，头发拢在脑后，一丝不苟，我看着新鲜，吃饭的时候，一边叫着姥姥，一边凑到她跟前去讨吃的。她一抬眼睛，呵斥道："小孩子，真没规矩。"那神情，我一直记在心里。奶奶见她呵斥我，立刻变了脸色，拉着我的手走开了，爸爸妈妈也很尴尬，默默低头吃饭。

只不过是两年时间，我就来到了她的身边，每天吃她做的饭，住她的房子，挨她的打。

上学了，她给我做的书包是最好看的，用布角拼出好看的五角星，带子上还缝了蝴蝶结，可是我一点也不开心。刚开始上学，人家都有爸爸妈妈爷爷奶奶宝贝似的接送，我却一个人背着大大的书包，一步步往回走，期待着她能站在夕阳里迎接我，每次都失望而归，她不是在菜园子里忙活，就是已经推着三轮车满村子卖菜去了。

柴门上了锁，我只好蹲在门口等。好几次，我冲她大吼，扬言如果她再锁门我就不回这个家了，她睬都不睬我，轻描淡写地说："你能去哪里？"

二

学校里开始开家长会了，她没空去，每天都在忙碌，种许多的菜，除虫，拔草，卖菜。

年末的家长会上，我因为考了前三名，特别想妈妈能来跟我一起参加。正是农闲时节，几乎所有家长都来了。孩子们在各自的父母跟前撒着娇，打打闹闹，只有我一个人形单影只。有调皮的同学嘲笑我，间或还有家长投过来复杂的眼神，我心里难过得要命，于是我决定自己去找爸爸妈妈。那天，我连奖状都没有领取就一个人踏上了出村的路。

三年没走过，路已经生疏了，幸好，我还记得家里的村名。下了雪，我一个人在雪地里一路走一路打听着，终于摸索到村口，熟悉的树和房子扑面而来，我觉得喉咙发紧，手里冒汗，心跳得咚咚响。三年了，我想了三年，今天终于回到家了。正在狂喜的时候，我看到了她和妈妈，她穿着厚厚的棉袄，妈妈胖了些，走在她身边，看样子是送她的。原来她去看妈妈，都是在我上学的时候，不想让我知道。我心里忽然就涌上了恨意，悄悄躲了起来。

在村口，妈妈掏出几张钞票来塞给她，她怒冲冲地甩掉，然后大步流星地走了，钞票散了满地。妈妈小声嘀咕：这是何苦呢？

我再也忍不住，从房子后面跳出来，大喊一声："妈！"作势要扑在她怀里，妈妈一惊，扭头躲了一下子。尽管她脸上仍然是笑着的，我还是清晰地感觉到这微小的躲闪。妈妈大概是意识到了，有些尴尬，为了掩饰，她说："燕儿长高了，漂亮了！"

她跌跌撞撞地跑过来，还摔了一跤，膝盖上有雪。她拉起我，大声说："走，咱回家！"

我被她拖着走，雪地上留下一道深深的痕迹。我以为妈妈一定会上来拉住我，或者拉开她，可是妈妈只是一动不动站在雪地里……我的心里，霎时也落满了雪。

以前，我一直缠着她问爸爸妈妈。她脸上挂着霜，一边干活一边回答我："你没有爸爸妈妈。""你撒谎！"因为委屈我开始哭喊："一定是你非要抢我跟你做伴，不让我见他们。"她怔了怔，扬起巴掌拍过来。

现在，我有点明白了，一定是妈妈和奶奶不要我了。

回到家之后，我好像一下子就懂事了，什么也没问，默默地跟在她的后面，收拾碗筷，洗衣服。她一直跟我说话，说"燕儿，今天领奖状没？""今天姥姥做饺子吃好不……"我不回答，心被悲伤覆盖了，我想，为什么没有人爱我？

此后，再也没有妈妈和奶奶，日子平静流逝着。

那个时候，她也就五十岁吧，姥爷过世了，舅舅离得远，也不常回来，家里就我们两个人，五间房子显得空落落的。她爱絮叨，每天吃完晚饭就一边数落我一边缝缝补补，赚一些零花钱。说我是讨债鬼、搅人精这样的话，火盆里埋着土豆和红薯，盆沿上烤着花生。

我写作业，看书；她做针线，绣花。那些零食我们一人分一半，大多数的晚上，就这样过去了。

三

有高年级男生开始喜欢我，天天跑到老槐树下等我一起上学，他偷偷拉我的手，心里漫过蜜一样的甜。我每天都想让自己更好看些，在头发上别一朵花，或者用彩色的毛线拼成一朵花来戴。我虽然不喜欢她，可是，我已经十七岁，知道了她的辛苦，我们俩所有的花销都要自己去赚。

假期的时候，她去卖菜，让我推着小车子卖冰棍儿，遇见同学我总是羞愧难当。她却坦坦然大声吆喝着"小葱小葱，鲜嫩的小葱啊"——声音拖得很长。我则缩着头，恨不得钻进地缝里，她在旁边大声喊："有什么丢人，自己赚钱自己花，你不吆喝卖不了，别指望我给你交学费。"

第二天，她就真不管我了，扔给我一箱冰棍，就推着车走了，卖菜去了。

"哪里有这样的姥姥，"我跟邻居抱怨，"跟谁都不亲，只爱她自己，自私。"邻居大妈笑眯眯地看着我说："你姥姥就这样，精致一辈子喽……"

她精致？我不服气，我亲眼看见她为了一毛钱也跟人家争得你死我活。

除了爱美，她还爱吃零食。没有钱买蜜饯水果的时候，她的口袋里就总是装着花生，炒熟了，再卤一遍，非常美味。那是她自己的，分给我也总是很少的一点点，她说："你还小，日后有的是机会，姥姥是快入土的人了，再不享受就没机会了。"所以，我刚刚够到锅台，她就将做饭的任务交给了我，自己清闲。

有一年夏天，她种了香菜。那一年香菜奇贵，卖香菜挣的钱除去生活，居然还剩了一点，她兴冲冲拉着我去逛街。最后，给自己买了件紫色的天鹅绒旗袍，滚着边儿，修身又好看，却死贵。看着她兴高采烈捧着旗袍，我低头看看自己身上洗得发白的旧衣服，转身就回家去了。

男孩子最终去喜欢一个长发飘飘的美丽女生了，我整整郁闷了一个月，她都没发现。

那天晚上，她穿上新买的旗袍在镜子前照来照去，终于满脸惆怅："老了，穿啥也不好看了。"我偷眼看她，已经没了第一次见她的爽利样子，头发悉数花白，也乱，不再光溜溜了。她失落得不行，整晚都在看以前的旧照片。

我心里忽然有点难过，不为她的苍老，只为了这么多年无爱的空白岁月。命运将我和她拴在一起，我是那么委屈和难过。

我走的时候，第一次抱了她，这个嚣张的老太太，居然羞涩地转过了头。她穿上了那件紫色的旗袍，像一片深秋的树叶。

当知道她终于跟舅舅去了城里后，我再也没有回去过。写信，她也不认识字；打电话，她要跑很远的路去接。况且，她面对电话的时候，总是不会说话，吭吭哧哧的。

我找了两份兼职，开始了全新的人生。对她的思念本来就淡，慢慢地，就稀释在空气里了。然后我顺利留在城市里，有了自己的意中人和一份不错的工作。我结婚的时候，她给了我一只玉镯子，我随手扔在箱子底，心想她那么小气的人，不过是地摊货。老公对于我不跟家人来往很疑惑，我告诉他，我姥姥冷血，

所有儿女都不喜欢她，不回家，我妈妈也跟她一样，遗传。

有一个晚上我却开始梦见她，生活安逸无忧了，她却跑出来，一次次在梦里拍我的屁股。给舅舅打过电话去，舅舅说，她早走了，跟舅妈合不来，还总喜欢骂人。言语里颇多不满。

她一个人，八十岁，住在破旧的乡村小院里！天啊，那天我们几乎是连夜驱车赶回去，发现她傻呵呵坐在门口笑，衣襟上都是口水。

我说："姥姥，燕儿回来了。"她抬头看我一眼，继续笑。那些日子，她完全不认识我，自顾自地说着话："我老了，说不定哪天就走了，燕儿在世上就孤零零了，你要学习自己照顾自己，自己回家，自己做饭吃……自己做衣服穿，我总要走的，你没有爸爸妈妈，你跟人家不一样……"她对着鸡鸭说，对着我女儿说，捏着她粉嫩的小脸蛋叫燕儿，说爸爸妈妈领养我的时候她就不同意……都是一些凌乱的片段，却都跟燕儿有关。

心里漫过无边无际的哀伤，很惶恐。她得了这么严重的老年痴呆症，我打算接她回家，她不肯，叫我柱子，可柱子是我舅舅的小名。还说"我哪里也不能去，我去了，燕儿怎么办，她就没有家了。"我只好留下来照顾她，握着她的手，心里无比温暖。

第三天早上，毫无预兆，她穿着华丽的旗袍，永远闭上了眼睛。

她的葬礼上，我看到了妈，妈也老了，臃肿而笨拙。我终于问出了在心底藏了多年的疑问："为什么你们把我扔给她？"妈不看我的眼睛，轻轻叹了口气："燕儿，不是这样的，你不是我们硬扔给她的，是她自己把你捡回来的……”

终于知道了自己的身世，原来是妈妈不生育，抱养了我，一家人都疼得要命，尤其是奶奶。可是五年后，妈妈奇迹般生下了弟弟，我的地位一下子一落千丈。家里人商量着我是个累赘，要送到孤儿院去，是她看我可怜，在半路上硬要了来。从此，妈妈不上门，舅舅也不回来，都说她傻，从此懒得给她钱来供养我。他们疏远她，她就找他们作对去，一次次，彼此寒了心。她半辈子精致养尊处优，却偏偏为了我，要亲手做饭，种菜，做针线活来养家。我开家长会，她去求妈妈来，妈妈不肯；我考上大学，她去找他们要学费，他们不给，她就大骂一个月……

那两枚玉镯子，他们要过几次，她不给。一枚卖掉当作学费了，一枚送给了我。

她留下的遗物，除了几间房子，就是一个大箱子，打开，里面是满满的零碎，我小时候哭着喊着要的花手绢，发了霉的零食，我的花书包，考了前三名却没有领回来的奖状，都是她藏起来又忘了的，零零碎碎，像她的人生，半生的辛苦全都与我有关。

对着箱子，疼，一层层漫上来，撕心裂肺。

Father's Love

Title/ 父爱的深度

Author/ 佚名

父爱是口深井，儿子那浅浅的桶，怎么能量出井的深度呢？

我跟杨炎结婚八年，没见过公公。开始我以为杨炎是怕我嫌弃那个家，不肯带我回去。于是我积极表了态：选了你，就做好了接受你父母的准备，无论他们是穷是富，是老是病。杨炎握着我的手，温情脉脉，却不说话。

有一次，我甚至买好了三张去他家的车票，兴冲冲地摆到他面前，说："冲儿都五岁了，也该见见爷爷奶奶了。"却不想杨炎的脸一下子拉得老长，把车票撕得粉碎。杨炎鼻子不是鼻子脸不是脸地说："冲儿没有爷爷，我也没有爹。"挥手，他把一个杯子摔到了地上。我从没见过他生那么大的气。

我沉默着把收拾好的包打开，把给公婆买的礼物都扔进了垃圾桶里。那个晚上，我睡在了冲儿的床上。

杨炎出身农村，我知道他不是个忘恩负义的人。逢年过节，他都要买很多东西寄回家里。每次打电话，他都说："娘，来城里住些日子吧！"婆婆去了哥哥姐姐家，他总心急火燎地奔过去。看得出他想家，却从不提回家的事，也从来不提他爹。我不知道他们之间到底有什么解不开的心结。

杨炎是家里的老三，他上面有一个哥哥，一个姐姐，都上了大学。这我是知道的。从前我总说："咱爹咱娘真的很伟大，农民家庭供出三个大学生，那得受什么样的煎熬啊！"那时，杨炎总是一口接一口地抽烟，不接我的话。

第二天是周末，杨炎把冲儿送到姥姥家。回来，他接过我手里正洗的衣服，第一次跟我说起我未见过面的公公。

杨炎上初三那年，姐姐继哥哥考上大学后，也考上了本省最好的师范学校。收到录取通知书那天，全家人都在侍弄那二分烤烟地，阳光明晃晃的，把家里人的心情都晒得焦躁。姐姐带着哭腔说："我不去了，我去深圳打工，供小炎上学。"

爹重重地把手里的锄头摔在地上说："不上学，也轮不到你！"

杨炎抬起头，说："姐，我十六了，我不念了。"母亲在一边抹眼泪。哥哥蹲在田边，有气无力地说："我再找两份家教，咱们挺挺，我毕业了就好了。"

家里东凑西凑还是没凑够姐姐的学费。爹抬腿出去，回来时，手里攥了一把崭新的票子。他把马上就可以卖钱的烤烟地贱卖给了村里的会计。娘说：“就这点地都卖了，咱往后吃啥喝啥？”爹说：“实在不行，就让老疙瘩（东北方言里最小的孩子）下来。”或许爹只是那样一说，杨炎却记在了心里。尽管他说了不念的话，但这话从爹的嘴里说出来，他的心里还是很不是滋味。

姐姐上学走了。爹出去帮人家烤烟叶。爹的手艺好，忙得不可开交。杨炎却因为爹的那句话，学习上松懈下来，反正早晚都是辍学的命，玩命学又怎么样？很快，他便跟一帮社会上的孩子混到了一起。

直到有一天，他跟那些所谓的“朋友”去水库玩了一天，回来看到爹铁青着脸站在门口等他。

见了他，爹上来就给了他一巴掌。爹说：“既然你不愿意上学，那好，从明天起，你就别上了，跟你三舅去工地上做小工！”

他瞪着爹，心里的委屈一下子涌上来，他喊：“凭什么让他俩上学，不让我上？”

爹说：“因为你是老疙瘩，没别的理由。”

他梗起脖子，说：“不让我上学，我就不活了。”

杨炎是个说到做到的人。他整整饿了自己五天，娘找来了村里的叔叔伯伯劝他。爹说：“想上学可以，打欠条吧！你花我的每一分钱，你都给我写上字据，将来你挣钱了，都还给我。我和你娘不能养了儿子，最后谁都指望不上。”

他坐起来，抖着手写了字据给爹。他咬牙切齿地说：“你放心，我一分一厘也不会欠你的。”那晚，他跑到村东头的小河边哭了一夜。爹一定不是亲的，否则，他怎么会如此对他？人家的小儿子，不都是心头肉吗？他上学时很少回家，可是爹却总是以各种各样的理由叫他回家帮他干活。烤烟要上架，他一个人干不过来，要杨炎回家帮忙。麦子黄了，不及时割会掉粒，还要杨炎回家抢收。杨炎咬着牙，拼命地干活，他想：考上大学就好了，考上大学，离开这个家，也就算逃离了苦海了。

那次割豆子，杨炎一镰刀下去，割伤了腿。娘给他抹药时，他说：“娘，我是你们要来的吧？”

娘叹了口气，说：“别怪你爹，他也是被逼得没法儿了。他怕你们都走了，孤得慌。”

他看了看正在院子里侍弄那半垄萝卜的爹说：“人家的父母砸锅卖铁都供孩子上学，哪像他，一天只知道钱钱钱。一天到晚净干那些没用的。”

爹每年都要在院子里种半垄萝卜。也许是土质不好，萝卜全都很小很小，几乎不能吃，全家人只能喝味道很难闻的萝卜缨子汤。娘还把萝卜缨子晒干，给他泡水喝。想想他就有气。

上高中时，哥哥毕业上班了，姐姐的生活费也可以自理了。按理说家里的条件好了很多，爹应该对他松一点了。

可是，每次他回家拿生活费、资料费，爹都郑重其事地掏出那张欠条，让他把钱数记在后面，签上名字日期。每次写这些时，他都会咬紧牙关，然后把对爹的感情踩在脚底下。

那年临近高考，家里的麦子又黄了。爹捎信给他，让他回来割麦子。他终于没忍住，回家跟爹大吵一架，他说："你自己就不能割吗，干啥偏指着我呀？"

爹狠狠地磕掉烟袋里的烟灰，不紧不慢地说："养儿防老，我不指你指谁？"

他没日没夜地割了三天麦子，麦子割完，他头也不回地回了学校。

那年高考，他考了全乡最高分。他给哥哥姐姐写了封信，信里说，他不指望爹能供他上大学，希望他们可以借他一点钱，这些钱将来他都会还。信里面写得很决绝，那时，他的眼里只有前程，亲情于他，不过是娘的一滴滴眼泪，一点用处也没有。

上大学走的那天，他噙着泪离家，甚至没跟爹打声招呼。

他已经很多年没叫他爹了。在他眼里，爹更像是一个债主，有了他一笔笔债压着杨炎，杨炎才能使劲地往外走。杨炎吸了一口烟说："我能有今天，也算拜他所赐！"

每次走到村口，杨炎回头看家里低矮的土房，总会看到站在门口的爹，正手搭着凉篷向他离家的地方望。杨炎每次都转过头，心变得很硬很硬。

杨炎说："小云，第一次去你家，咱爸给我剥橘子，跟我下象棋，和颜悦色地说话，我回来就哭了一场。这样的父亲才是父亲啊。"说完，他的眼睛又湿了。

我走过去，把他搂在怀里。我不相信那位未曾谋面的公公会以这样无情的方式对待自己的儿子。难道贫穷把亲情都磨光了吗？

杨炎从一本旧书里找出一张皱皱的纸，我看着上面密密麻麻记着好些账，下面写着杨炎的名字。杨炎说：“还清了这张纸，我不欠他什么了。”

我看得出杨炎不快乐。他对冲儿极其溺爱，他不接受别人说冲儿一点点不好，就连我管冲儿，他都会跟我翻脸。我知道他的心里有个结。

跟单位打好招呼，我对杨炎说要出差几天，然后自己动身去了杨炎的老家。

打听着找到杨炎家，虽然之前有了心理准备，但还是吃了一惊。家里三个在城里工作的儿女，都寄钱回来，怎么他们还住着村里最破的土坯房呢？看来杨炎说的公公爱钱如命果然不假。

院子里还有半垄杨炎说的萝卜地。每年婆婆还是会寄些晒干的萝卜缨给我，嘱咐我泡水给杨炎喝。我嫌那味道太难闻，总是偷偷扔掉。

婆婆出来倒泔水，看到我，愣了一下，说：“你怎么来了？”我和杨炎结婚时，婆婆去过。

把我让进屋，昏暗的光线里，我看到佝偻在炕上的老人。他挣扎着起来，婆婆说：“这是小云，杨炎家的。”公公“哦”了一声，用手划拉了一下炕，说：“走累了吧，快坐。”

没有想象里的凶神恶煞，感觉他只是个慈祥的乡下老头。

我说："爹，你咋了？"

婆婆刚要说，公公便给她递了个眼色，他说："没啥，人老了，零件都不好使了。"婆婆抹了抹眼睛，开始给我张罗饭。

帮她做饭的时候，婆婆问起杨炎和冲儿。我用余光看公公，他装作若无其事，可我知道他听得很仔细。

跟婆婆出去抱柴，我说："杨炎还在记恨爹呢！"

婆婆的泪汹涌而出。她说："都说父子是前世的冤家，这话一点不假。他爹那个脾气死犟，杨炎更是八头牛都拉不回来。"

"其实，最疼小炎的还是他爹。你看这半垄萝卜，他爹年年种，就是家里再难的时候，也没把它种成别的，就是因为杨炎内虚，有个老中医出了个偏方说萝卜缨泡水能补气，他爹就记下了。年年都是他把萝卜缨晒好了，寄给你们，然后让我打电话，还不让我说是他弄的……"

"可为什么爹当时那样对杨炎呢？"

婆婆叹了口气。

"那时候杨炎在外面交了不三不四的朋友，他爹若不用些激将法，怕是那学他就真的不念了。每次找他回来干活，都是他爹想他，又不明说，谁知那孩子犟，两个人就一直顶着牛……"

"他爹的身体不行了，动哪哪疼，可是他不让我跟孩子说。他说，他们好比啥都强，想到他们仨，就哪都不疼了。他说什么也不肯看病，小炎给的那些钱，他都攒着，说留给冲儿上大学……"

我的眼睛模糊了。父爱是口深井，儿子那浅浅的桶，怎么能量出井的深度呢？娘说：“他每天晚上梦里都喊儿女的名字，醒了，就说些他们小时候的事。他说，孩子小时候多好，穷是穷点，可都在身边，叽叽喳喳，想清静一会儿都不行……”

父亲的爱像右手，它只知道默默地给予，却从不需要左手说谢谢……

父亲的爱像口深井，做儿女的我们，常常以为看到水面，就知道水的深浅。可是，终其一生，我们也无法抵达父爱的深度。

Blind Road

Title/ 母亲的盲道

Author/ 佚名

可怜的老太太，她以为只要自己死了，自己的角膜就能给儿子了。可是，她不知道，死人的角膜超过十二小时就不能用了……

那一年，他二十九岁，研究生毕业，跳槽到一家外企，成为公司最年轻的业务经理。

不料，事业风声水起之际，一纸“角膜葡萄肿”的诊断书，倾刻间将他推向了崩溃的边缘。

随着视力的归零，他的脾气越来越暴躁，张嘴骂人，随手摔东西成了家常便饭。

医生安抚他，这种病是可以通过角膜移植来复原的。但他很清楚，全国每年有几百万人等待着角膜移植，供体却只有寥寥数千，有人为了等待角膜要在黑暗里生活十几年甚至几十年，他根本不敢奢求幸运会降临到自己的头上。

绝望至此，像他的影子，日日夜夜，萦绕不去。

无法工作的他，长久困在家里，最初的自艾自怨渐渐变成了狂躁不安。他像一头困兽，重压之下，左突右冲，将妻子和女儿平静的生活撞得支离破碎。

某日，一向小心翼翼的妻子只因一件小事埋怨了他一句，他便愤怒地说妻子嫌弃自己了。妻子辩解了几句，他便发了狂，盛怒之下，扬手打了她，并且咆哮着要离婚。一向强势的他突然变成了要别人照顾的对象，巨大的心理落差让他无法承受，他其实是不想拖累妻子。

妻子含泪请来了孀居多年的婆婆。

母亲说他，他低头，不发一语。无奈之下，母亲只好把他领回了老家。

熟悉的老院子里无人打扰的生活，让他的情绪安静了许多。他不再暴躁，只是极少说话，更不出门。大多数时间里，要么躺在床上听收音机，要么直直地坐在堂屋的椅子上发呆。无论大家怎么劝说，他总是以沉默应对一切。

冬去春来，三月的风里，已经有了雨水的味道。

一天，母亲兴奋地拉着他的手，说要送他一件礼物。

出了家门，母亲扶着他，一步步地向前走。

脚下的土地突然变得磕磕绊绊，他本能地俯下身，手及之处，竟是一块半米见方的水泥砖，水泥中间镶着两条凸起的条状东西。

“第一次去你家时，娘就在京城的马路上看到了这东西，人家说这叫盲道，专供眼睛看不见的人走路用的。你病了之后，娘又专门去了一趟城里。”

他的心底，漫过一片潮湿。整个冬天母亲都在南厢房里忙个不停，原来是在整砌这些东西。

“儿啊，娘都七十四了，活不了几年了，你得学会照顾自己。”

说这话时，母亲使劲握着他的手。他知道，母亲不想不愿更不放心松开他的手，但母亲很清楚，自己照顾不了他一辈子。

那个午后，母亲带着他，踩着那些凸起的方形水泥块，去村头理了发，还去小卖铺买了一袋盐和半斤香油。

晚上，他失眠了，辗转中，母亲和那些笨重的水泥块儿不停地在眼前晃来晃去。

第二天，听着母亲在南厢房里费力地搅动着那些水泥和沙粒，躺在北屋床上的他，再也无法平静。

吃饭时，母亲告诉他，自己正在修一条从村口通向大公路的盲道，将来他再回来时，下了汽车自己就能走回家了。

他说：“娘，您别再弄那些水泥块儿了，我心烦。”

母亲叹了口气：“儿啊，你的眼睛看不到别人，可别人能看到你啊。而且，你得活得让别人看得到你才对啊。”

他的委屈，瞬间涌上心头，他咆哮道：“让别人看到又有什么用？就算我当上了残联的主席，不还是个瞎子吗……”

母亲愣愣地望着他，伤心不已。

接下来的日子，母亲依旧进行着她的浩大工程。从村头到国道足有一公里远，如愚公移山般，母亲将用水泥块将它们一点点地链接到一起。

日复一日地，听着南厢房中笨重的声音，他的心愧疚不已。

终于，他坐不住了，对母亲说："让姐姐帮我找家教盲人按摩的学校吧。"母亲不停地点头，脸上写满了惊喜。

然而没等姐姐帮他找到合适的学校，母亲却病倒了，急性胆囊炎。

母亲住院那些天，喂鸡，喂猪，打扫院子，这些小时候干过的活他竟一一拾了起来。更令人惊异的是，一个清晨，他在鸡窝里掏出一只公鸡，宰了，炖了汤，沿着母亲修砌的盲道，一路摸索到公路上，拦车。

当他出现在病房的门口时，母亲惊诧不已。

喝着他做的鸡汤，母亲笑落了一脸的泪。

那一刻，他忽然就明白了，原来，残与废本是两个概念。许多时候，可怕的不是眼盲，而是对生活绝望了的心盲。

那几天，给母亲做饭成了他最快乐的事。

一天，又到了午饭时间，母亲坐在床头，不停地向楼道里张望着。

忽然，一个十七八岁的女孩一阵风似的走了进来。

女孩一进门便一脸遗憾地对对面床上的女子说："表姐，刚才我在电梯里遇到一个男人，一米八几的个子，长得可帅了，仔细一看才发现，竟然是个瞎子，唉……"

女孩的话音刚落，他拎着保温桶走了进来。

看到他，女孩下意识地吐了吐舌头。

没有人知道，那个夜晚，母亲瞅了一夜的天花板。

几天后，母亲出院了。

一天清晨，他醒来，没听到母亲起床的声音。喊了两声娘，没人应声，他从床上爬起来，到院子里又喊了两声，仍然没人答应，他以为母亲去菜园摘菜了，也没在意。及至肚子饿得咕咕乱响，仍然不见母亲回来，他才慌了神，用手机里存好的号码给离家最近的三姐打了电话。三姐一听不见了母亲，急急赶了过来。

推开南厢门的房，三姐一声尖叫，旋即，哭出了声。

母亲去世了，姐姐们告诉他，母亲死于心肌梗塞。

母亲走后不久，老天忽然就对他开了眼。医院为他找到了角膜的供体，手术做得非常成功。

两个月后，他又重新回到了工作岗位。

转眼到了第二年的秋天，母亲的周年祭，他和几个姐姐一起给母亲上了坟。从坟地里回来，他没有回家，而是沿着母亲修砌的盲道，漫无目的地向前走着。

盲道修在乡村公路的一边，在两排杨树的中间，母亲培了土，水泥块两边还砌了砖头。

他一边走，一边不停地蹲下身，抚着那些粗糙的水泥块儿，就像抚着母亲干枯的双手。及至有人喊他，他才发现，自己已经走出了很远。

喊他的是个陌生的中年男人，赶着一群羊。男人说：“兄弟，你好像对这盲道挺感兴趣啊！”他苦笑了一下，算作回答。

“别看这盲道不像城里的盲道那么正规，它可是上过报纸的呢！”男人的语气明显带着骄傲。

“上过报纸？”他愣住了，姐姐们怎么从来没和自己说起过呢？

“你不知道吧？这盲道是一个老太太给她儿子修的。”男人像是对他说，又像是自言自语：“老太太的儿子得了病，眼瞎了，老太太住院的时候听说只要有人捐了角膜，儿子就能重见光明，于是老太太便央求医生摘了自己的角膜给儿子，医生不肯，谁料，老太太回家后竟上了吊！”

他的心一阵抽搐，脸上的肌肉一条条暴起，僵硬无比。

男人并没有发觉他的异样，依旧自顾说着：“可怜的老太太，她以为只要自己死了，自己的角膜就能给儿子了，可是，她不知道，死人的角膜超过十二小时就不能用了……”

他呆呆地立在那里，明晃晃的日光，像无数把尖刀，直直地刺进他的心房……

Love Debt

Title/ 情债

Author/ 佚名

他脸上的皱纹爬满了额角，他老了，我却平平安安地长大了。

我从不在别人面前主动提起他。在我心里，一直觉得有一个懦弱无能的父亲并不是一件让人自豪的事情。

很小的时候，我和父亲之间曾经有过一段非常快乐的日子。那时候，他总是早出晚归，每天忙忙碌碌，见不到踪影，每晚都在我睡下之后才会回来。第二天一大早，我就像和他约好了一样，很默契地跑到客厅的柜子里，伸出胖胖的小手掏啊掏。有时掏出来一盒巧克力，有时掏出的是一包饼干或是两根被压得皱巴巴的香蕉。每天我都像寻宝一样从柜子里面掏出各种各样我喜欢吃的东西，然后双手捧在胸前，大口大口吃起来。有时他会站在一旁，斜靠在门框上抽烟，默默地望着我。有时他也会走过来，轻轻把我嘴边的食物残渣擦去，然后抱着我到外面去洗手。

他只是工厂里一个普通的工人，沉默寡言，喜欢喝两口小酒，过着不咸不淡的日子。有时候，他会骑着自行车带着我在公路上遛弯，见到熟人之后就扯着嗓子告诉人家："这是我儿子！"

他终究不是闲得住的人，于是在我四岁那年他在工作之余做起了自己的小生意。而他从来就没有想过自己是否有经商的才能，结果短短几年的时间就把家里的积蓄全都赔了进去，不仅如此，他还欠下了不少的债务。从那时起，我童年的噩梦便开始了，我和他之间也渐渐地筑起一道看不见的高墙。

那时候，几乎每天夜里他和母亲两人之间都会爆发出激烈的争吵、申斥、怒喝，夹杂着母亲的哭泣声，像是一个挥之不去的梦魇紧紧缠绕着我。我常常躲在被子里，假装酣睡，却整夜整夜提心吊胆地竖起耳朵听他们争吵。那时候，债主上门讨债简直成了家常便饭。从那时开始，我再也没有去客厅的柜子里掏过东西，也再没有叫过他爸爸。

在学校里我很少说话，我也很懂事地不向他们要这要那，贫穷而耻辱的痕迹深深地烙在了我的生命里。同学们的任何活动我都不愿意参加，也没钱参加。别人跟着父母四处游玩的时候，我已经学会用谎言和债主进行周旋了。从那时起我就觉得他欠我的，而且欠了我很多。

他又回到工厂里一心一意地上班了。我高中毕业那年，他

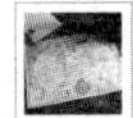

终于还清了自己的债务。可家里也被他折腾得一分钱也没有了，所有的亲戚都被他不停地借钱吓得躲得远远的，我自然也没机会继续上学了。当他告诉我要送我去修车铺当学徒的时候，母亲哭着捶打他，骂他没用，他挥手打了母亲一巴掌，两个人撕打了起来。我重重关上门，红着双眼走了出去。我知道他又欠了我一次。

修车铺的活又苦又累，满屋子汽油柴油的味道让人恶心得直想吐，唯一的好处就是可以睡在铺子里，不用回家面对他。我当学徒不久，他所在的工厂开始大量裁员，他也下了岗。下岗之后的他整日躲在屋子里喝酒睡觉，母亲也懒得骂他，偶尔回家的时候，只能听见母亲近似绝望的叹息声。

我终于再也忍受不了修车铺又脏又累的活了，于是开始想方设法地改变自己的生活。渐渐地，我和社会上的一群混混来往频繁。我们四处偷电缆和汽车零件，卖成现金之后再胡乱挥霍。常在河边走，难免不湿鞋。没过多久，我们几个便因为盗窃被抓到了拘留所里，不仅要交罚款，而且还要找人取保。

我不知道他从哪里凑齐的罚款，只是默默地跟他走出了拘留所。刚走出拘留所的大门，他猛地转过身，扬起手狠狠地打了我一耳光。“你有什么权利打我？你尽到了什么义务？这些年你管我什么了？我上学借了多少次学费你知道吗？我遭了多少白眼你知道吗？我受了多少委屈你知道吗？”我大声吼道。他再次抡起来的拳头僵在半空里，狠狠地瞪着我，胸口剧烈地起伏着，却什么也没有说出来。我也恶狠狠地瞪着他，手指的关节在咯咯作响。

对视良久，他突然长叹一声，转身走开了，留下一路凄冷的背影……

从那之后，他像换了一个人似的，开始四处寻找工作。没有合适的稳定工作，打短工他也干，只要能赚钱他就干。我在家里躺了没几天，修车铺的老板就派人来叫我回去。我知道一定是他低三下四地跟人家求情了，想起他那唯唯诺诺的样子我就觉得厌恶。为了离开这个家，我连想都没想就立刻回到了修车铺。走过了弯路之后，我很珍惜这次机会，开始尽心尽力，踏踏实实地干起活来。老板也渐渐喜欢上了我，不久之后就把我调到了他另一个规模更大的修车铺。

工作越来越忙，我也很少回家了。其实，和艰苦的工作相比，我更不愿意面对他。偶尔通过母亲知道他干得不太顺手，有时候还会受气，不知道为什么，我心里忽然有种幸灾乐祸的感觉。

几年之后，在朋友们的帮助下，我开了自己的汽车修理铺，生意还不错，日子也越来越有起色。他也老了，不能像年轻时那样对着我大吼大叫了。我们之间也不像以前那样僵持着了，偶尔也说些无关痛痒的话。他似乎不记得当年发生在我们之间的不快了，可我却一刻也没有忘记，一笔一笔都记在心里。不久之后，我有了女朋友，而且到了谈婚论嫁的地步，开始商量着买房。他拿出了全部的积蓄，并且主动提出要去给我排号买房。母亲劝他，上了年纪就不要去了，他却执意要去。我没说话，因为在心里，我一直觉得他是欠着我的，这一切就权当他给我

还债了。

他排了整整一夜的队才买到了房号。母亲说从那晚开始，他就患上了风湿，每天都疼得龇牙咧嘴的。他却笑着说："没事没事，这哪里是什么风湿，不过是上了年纪不中用罢了。"说着，他紧张地看着我，我漠然地转过头，避开他的目光。屋子里的气氛有些尴尬。等我走出房间的时候，听到里面传出一声低低的叹息。

两个月后，我和未婚妻在酒店举行了订婚仪式。他那天酒喝得很多，也很失态，话多得让人有些厌烦。我只好开着车送他和母亲回去。

没想到回到家之后，他吐得更厉害了，嘴里还含糊不清地说着什么。我转身要走，母亲喊住了我："给你爸倒杯水去！"我刚想找托辞，忽然发现母亲脸色很不好看，冷冷地瞪着我，我只好生生把话咽了下去，转身到厨房里倒了一杯开水走了进来。

当我走进卧室的时候，他正挣扎着坐起来，从腰里拿出一个油腻腻的塑料袋递给母亲。他醉眼朦胧地看了看窗外，异常神秘地对母亲说道："快，快把孩子叫醒，我给他带……带好吃的回来了！"我的脑海里轰的一声全乱了，端着水杯呆呆地站在门外。母亲接过他手里的塑料袋，转身站起来恰好看见了我，我呆呆地望着她，竟不知说什么好。"你爸喝糊涂了，他以为你还是小孩子呢。"母亲拎着油腻腻的袋子，坐了下来，一边轻轻摩挲着他苍老的面庞，一边说了起来："你可能不记得了，你小时候他只要去吃点儿好东西，就会偷偷给你带回来。你吃的时候，他自己就躲在外面看，一边看还一边傻笑。”说着，母亲转过头来看着我，继续说道，“你出生那年，为了能让你喝上进口奶粉，他放假的时候就在采石场给人扛石头，一百多斤重的大石头啊，一不小心就能把自己砸坏了。那些日子我就这么提心吊胆地为他担心。你爸这人又懒又馋，可他为了你什么苦都吃过。你想吃好的，他下班之后就到家具厂去给人打工，满手都磨出了血泡。为了能让你将来上个好学校，你四岁那年，他硬着头皮去做生意。还有那次你被拘留之后，他是跪着求修车铺的老板的，他这辈子除了给父母下跪就只跪过这一次……”母亲哽咽着说不下去了，我的双眼慢慢蓄满了泪水。母亲叹息着走了出去，我连忙转过身，努力压抑着不让眼泪掉下来。

我静静地看着他的脸，胸口莫名地牵痛着。他额头上的伤疤是那次为了救落水的我留下的吧，他扑下水的时候没人知道他根本不会水；他的腿上有一片烫伤，那是为了替我挡跌落的热水壶留下的吧。他脸上的皱纹爬满了额角，他老了，我却平平安安地长大了。忽然之间，我觉得胸口一酸，泪水在眼眶中不停地打转。我轻轻给他盖上被子，悄悄走了出去。

这么多年以来，我一直以为他是欠着我的，他没能给我幸福的生活，没能给我金钱，没能给我地位，甚至没能给我完成学业的机会。可今天我才突然发现，我们之间的确有着千丝万缕的债务，不过，不是他欠我的，而是我欠他的。他给了我生命，给了我温暖，甚至为了我可以牺牲自己的尊严，却从来不向我

邀功。也许在他眼里，这一切都是天经地义的，可这一切却是我一生还不完的情债。不过，我很庆幸自己欠下如此大的一笔债务，起码这证明了在这世界上，有人如此地爱着我。

从现在开始，我要还债，还他一生的债。

Don't lose hope. You never know what tomorrow will bring.

Lucky Coin

Title/ 幸运铜板

Author/ 依莲那 • 威拉

铜板标志着我祈望的小奇迹。它们令我相信那些我觉得无能为力的事情，终会有一天实现。

我们在春天阳光里来到爷爷坟前栽种风信子。奶奶用大剪刀修草，好使石碑上的名字看得见，她又用匈牙利话跟爷爷低语，然后喃喃祈祷。

我帮奶奶拔野草，问她是否在乎我坐在墓石上。她说我应该像在家里一样，因为这是爷爷的家。她说，终有一天也是她的家。她的名字——珍珠——已刻在花岗石上，她对人生已有倦意。奶奶是笃信宗教的女人，她说她随时准备去见造物主。

自父母离婚后，我们便和奶奶住在一起。夏天夜晚，她坐在前门廊的摇椅上听蟋蟀声。她用钩针编织手帕，一面向姐姐和我讲蟋蟀之间的密语。

进屋睡觉之前，我们一起用匈牙利语诵天主经，她耐心地再三教我不会发音的字。她是个强健的妇人，但很温和，笑容可掬，笑声有感染力。她走路已有问题，要使用拐杖。她走得慢，总是当心自己的脚步。

上坟那个春日我六岁。我们是上过教堂后去的，因此我穿着礼拜天的光洁衣裳 -- 一件圆点小花衫，后面打个蝴蝶结，白短袜，发亮的黑漆皮鞋。我故意磨损鞋子，鞋跟蹭着地面，在灰色矮墓石间跑来跑去。

她会告诫我：“走路要看清楚。”我需要这些警告，因为我总是拔脚向前跑，不注意障碍物。她的劝诫原来别无含义，不过这句话她说得太多了，便另有更深的意义，仿佛是要教给我做人处世之道。而我却把这些劝诫当作成人世界要约束我的企图，便不加理会，径直向前跑。通常我总会回到她身边，就像那天一样。

可能正是因为奶奶总是那样小心走路，她发现铜板的本领才这么了不起。

那个星期天，奶奶是在一个刚刈过的墓前草地里发现铜板的。它有点生锈，与泥和草混成一色。要不是奶奶看到，我肯定会错过。她停下脚步，用手杖轻敲。“瞧。”她说得仿佛我们脚下踩着珍珠似的，“那是个幸运铜板。捡起来。”

我年纪还小，相信神奇的事。于是，我把它捡了起来。

那天我晓得了什么是幸运铜板。它们之所以幸运，是因为别人从不注意而你却找到。它们仿佛是上天给你的小小礼物，所以奶奶叫它们“天赐的铜板”。你捡起一枚时，要念出一首特别的儿歌：“铜板，铜板，给我好运，因为是我捡起你。”

她轻语这些字句时，声音柔美悦耳 -- 就是我从前蜷伏在她怀里她唱催眠曲哄我入睡时那种轻柔声音。我跟着念，觉得她好像正在和我分享宇宙一大奥秘。

“许个愿。”我停步捡拾钱币时她说。她要我对那个愿望保守秘密，“把钱币藏好，你的愿望有一天会实现。”

我再度念念有词，一面看着手中那“法宝”。我脑子里迅速想到自己希望得到的一切。我要学骑脚踏车；我要撕毁挂在我衣橱里的小圆点花衫；我要星期天穿运动鞋，不穿漆皮鞋。奶奶莞尔微笑，仿佛看透我的心。她说：“要确实是你真想得到的啊。”

在春日的阳光中，在坟场里，我默祷奶奶长生不老。

奶奶说：“要永远留住你的幸运铜板，因为有些愿望要很久很久才实现。”那时小小年纪的我，认为她的话深有道理，便把那铜板塞进鞋里以防丢掉。回到家，我把它放在枕下。直到现在，我还保存着这枚铜板。

那年九月奶奶去世。那天晚上，房子里面乱哄哄的，我知道她出了问题。我爬下床拿起我们一起找到的那枚铜板，紧握着它。

我知道我对它许的愿不会实现。我知道从此以后我星期日上坟时，也会同时探望奶奶。

丧礼举行那天，我拾到第二枚铜板。“在这样一天怎会有好运气？”我心里奇怪。我不想把它捡起。但是我随之想起那天在坟场奶奶用手杖轻敲铜板，我想起照在我脸上的阳光，新刈草地的气息，和现已成为奶奶家的那个墓上的风信子。

我拾起铜板，把它塞入黑漆皮鞋里，藏了一整天。葬礼完毕回到家，我从厨房碗柜里拿出奶奶的茶杯，把那枚铜板放进去，摆在我的床头柜上。

这枚铜板我至今仍保留着。不瞒你说，我现在已经有了好几千枚幸运铜板。我发现铜板的第六感传自奶奶，我用它们装满小花盆、首饰箱、塑胶袋和钱包，也装满了糖果瓶、饼干罐、咖啡和瓷杯。

我甚至为了捡拾铜板而出去散步——通常是在烦闷或要做重大决定时。铜板标志着我祈望的小奇迹。它们令我相信那些我觉得无能为力的事情，终有一天会实现。

奶奶叫它们“天赐的铜板”，我却称之为“奶奶给我的铜板”。仿佛她在看着我生命的开展，仿佛她在告诉我：“放心吧，依连娜。”她用匈牙利语叫我的名字，“你可以熬过去的。”

也许我头一次凭捡的铜板许下的愿望的确实现了——奶奶并没离开我。我每次捡拾到铜板，都想起她。我看见她拄着拐杖慢慢走，留神脚下的每一步。我听见那唱催眠曲的声音，和在夜深人静时低诵的匈牙利语祷告。

“铜板，铜板，给我好运，因为是我捡起你。”

Quilt

Title/ **藏在被子里的爱**

Author/ 佚名

他给了她其他人都不曾给予的，她曾经以为并不那么重要的，像那两床被子一样卑贱微薄，却足以温暖一生的爱。

她是一个不幸的孩子，一出生，就被亲生父母丢到了乡下的桥头边。

她被一个四十多岁的男人捡回家。男人因为娶不起媳妇，便成了村里的老光棍。他悉心照料这个拾回来的孩子，把米磨碎了煮来喂她吃，抱着她睡觉，用破布给她当尿布，教她叫“爹”。当她第一次奶声奶气地叫“爹”时，男人高兴得一下子将她举过头顶，恨不得向全村的人炫耀自己有女儿了。

她刚来的时候很瘦弱，每天都哭个不停。男人抱着她向刚生过孩子的人家讨教带孩子的经验。于是，人们可以看到四十岁的他每天下午都在河边洗成堆的尿布。农忙的时候，男人把她放在一个篮子里带到田边。男人收割，她就坐在篮子里玩。有时吃泥土，有时拽青草。小脸和小手都是黑的，男人不时回过头来看看她，嘿嘿地笑。

小女孩一天天长大，虽然瘦，却很健康，很少生病。男人不识字，给她取名为“丫丫”。丫丫五岁的时候，男人自己动手改了几件好点儿的衣服给她穿，还一边乐呵呵地说：“姑娘家大了，整天光着腚多不像话。”

丫丫七岁的时候，同龄的孩子都开始念书了。男人看在眼里急在心里，他开始帮人做更多的活计，把微薄的酬劳一点点攒起来。一年后，他把丫丫送进了小学。为了存下更多钱，他开始跟着年轻的男人一起上山砍柴烧炭。看着他背着自己体重两倍的大树往山下走，乡亲们都说：“女孩子家，认不认字没什么两样，你何必这么拼命？”山崖陡峭，稍不留神就可能摔个残疾，但他没有一天落下工。

冬天过去，他烧的炭一共卖了八百多块钱，够女儿两年的学费了。他觉得有了女儿后，日子忽然地就有追求、有计划了。他准备把女儿送进镇上的中学，自己也扬眉吐气一番。

丫丫的成绩果然很好，语文和数学每次都是双百分。班主任说，“丫丫”不像个名字，爸爸姓王，就叫王水仙吧。

为了给她挣够上初中的钱，男人在砍柴的时候摔了一跤。村民们把他抬到卫生所，医生说，还好没有骨折，让他到镇里去看病，他坚决不肯。他在家里躺了三个多月，路是能走了，就是有些跛。三个月里，水仙放了学就回家给父亲做饭、劈柴、洗衣服，样样是把好手。那时，她才十一岁。艰辛的生活和贫寒的家境令她过早地成熟起来。

第二年，她考上了镇上的初中。怕她冷，男人把家里仅有的两床被子都装进了蛇皮袋，背到她学校。父亲从学校走后，她都不好意思把被子拿出来。同寝室的女孩，被子要么是缎面的，要么和崭新的床单是一个花色。只有她，被子上净是破洞，里子发黄，面上是大红大绿。她心里难受，一面担心父亲从此以后要在家里受冻，一面又宁愿冻死也不想拿出这两床奇丑的被子。可夜里实在是冷啊，她把被子拿出来裹在身上，嘤嘤地哭了。

在班里，她是一个永远贴着墙根走的女孩。但是她一直是第一名，所以没有人欺负她。然而没有人知道，她渴望的，其实并不是老师念分数时同学们的惊呼，而是一床漂亮的、没有异味的被子。

初二的一天，父亲忽然到学校来，身后还跟了一对激动的夫妻。那个女人说："一见到她我就觉得是……"两人把她的脸摸了又摸。她看着局促不安的父亲，忽然明白了。

父亲过来整了整她的衣服，悲伤地说："不是爹不要你，这是你的亲生父母，他们家条件好，你跟他们走，以后还可以上大学……"她茫然地看着这一切。那对夫妇要给她父亲两万元钱，但被他拒绝了。她甚至还没有来得及回一趟村里，就被新爸爸妈妈带走了。她从来没有见过如此富丽堂皇的家，她有一个自己的房间，一张自己的床，床上是花色相同的床单和被套。她咬了咬自己的手指，并不是在做梦啊。

她听话地改口叫他们父母。在他们面前提起养父，她聪明地称呼“王叔叔”。她的名字也改成了“李楚楚”。她被送到了市里最好的学校，她的房间有一个小阳台，有自己的钢琴和电脑。父母给她很多零用钱，她一点点把它们攒了起来。虽然她不愿回到村子里，但是她惦记着“王叔叔”，惦记着他在冬天有没有一床保暖的被子。

她每到放假就回去看望“王叔叔”，每一次回去，都会轰动整个村子。走的时候，他总是会送她到村口，她看着他驼着背跛着腿在夕阳下的影子，心里觉得非常不忍。

父母告诉她，他们是在没有结婚的时候生下了她，不得已丢到了乡下的桥边。很多年后两人结婚了，却不能再生孩子了。

父母对她是否亲生从来没有怀疑过。直到一天带她去注射疫苗，查肝炎抗体的时候，顺便查了一下她的血型。结果出来以后，夫妻俩都呆住了。这个十五岁的小女孩，根本不可能是他们的孩子。

夫妻俩商量了一夜，决定不把这个消息告诉她。他们养了她两年，即使是宠物也有了感情，何况是一个乖巧的、和他们的孩子同龄的苦命女孩。但是这件事后，夫妻俩对她明显地冷淡了起来。

她以为自己不够乖，便更加刻苦地学习。放学回到家里后，做饭、洗碗她全包了，可还是不能让父母满意。他们嫌弃她吃饭发出声音，嫌弃她在家里来客人时不够大方，嫌弃她做事情笨手笨脚。

她开始想念养父。虽然家里穷，但是他从来没有嫌弃过自己。她十岁的时候还尿过床，他都没有说过她一句。

上初三的一天，她忽然昏倒在地。被老师送到医院后，父母匆匆赶来。医生说她脑袋里面长了瘤，需要做开颅手术。父母动了把她送回去的念头。他们没有告诉她，只是默默地将她载到村子里，找到了她的养父。

养父什么话也没说，就把她拉进了屋子。他拉着她的手，眼泪就啪嗒啪嗒地淌下来："闺女，你不是他们的伢，他们不要你，爹带你去看病！"

得知水仙得了大病，被送回了村子，乡亲们都跑来看。她躲在家里哭，哭够了，就趴在窗口看着那对自己叫了两年多的父母灰溜溜地开着车走了。她知道，他们再也不会回来了。

她又开始叫男人"爹"。爹带着她去城里看病，医生说，医疗费用至少要三万元。三万元，对他来说无异于天文数字。走投无路的他决定去找那对夫妇，当初他们曾那样执意地要塞给他两万元。但是他们的回答是："如果我们肯给钱，何必还把她送还给你？"

他不肯妥协，日夜坐在那对夫妇门前，对过往的每一个人讲述水仙的命运。他知道也许这样做有些下作，但是为了救女儿的命，他再也没有别的办法了。夫妇俩不胜其烦，终于抛下两万元给他，加上他的积蓄和乡亲们的帮助，才勉强支付了医药费。

由于是良性肿瘤，手术做得很成功。他接女儿回去的时候，村子里放起了鞭炮。大家看着这对父女蹒跚地走进家门，不知道是谁先抹起的眼泪，整个村子唏嘘声一片。

他的背更驼了，腿也更跛了。可她开始相信，他是世上最伟岸的男人。因为他给了她其他人都不曾给予的，她曾经以为并不那么重要的，像那两床被子一样卑贱微薄，却足以温暖一生的爱。

Brother

Title/ 哥，我是小贝

Author/ 佚名

她仿佛穿越时光隧道回到了十八年前，那个抱着她坐旋转木马的十四岁少年正向她缓慢走来。

父母不是亲的，是养父母，她跟着他们的时候，已经六岁，什么都记得。

她六岁那年的清明节，父母回乡下老家给爷爷奶奶上坟，再也没能回来。他们乘坐的客车出了车祸，父母一同遇难。

六岁，她尚且不能阅读人生苦难，只是为父母的不再归来任性哭闹。十四岁的哥哥董小宝、一个已经和父亲差不多高的倔强少年，紧紧地把她箍在怀里，不哭，不闹，只是紧紧地箍着她，直到她哭累了，在他怀里睡去。

父母的丧事由包括养父在内的一些同事帮忙料理了，她不再哭闹，但总是追在董小宝后面要爸爸妈妈。她不爱吃董小宝做的半生不熟的饭，不喜欢董小宝洗完后皱皱巴巴的衣服，不喜欢董小宝给她梳得乱七八糟的小辫儿……

那天晚上，很晚了，她不肯睡，爬起来又一次扯着董小宝喊："我要妈妈！"

董小宝忽然把她从被子里面拉出来，用力握住她小小的肩膀："妈妈死了，别再找她了，他们都死了，不会再回来了！"

董小宝的声音很大，大到让她因害怕而住了口。然后，几乎是在一刹那，她明白了她的爸爸妈妈不会再回来，知道了她的世界里，从此只剩下董小宝一个亲人。

董小宝猛然扑在床上，号啕大哭。那是父母离开后，她第一次听到他哭。

这次反倒是她没有哭，然后，她慢慢俯下身去，趴在董小宝的背上，用她的小手，紧紧抱住了他的身体——和父母一样温暖的身体。

她开始像依赖父母那样依赖董小宝：上学，她要他送；放学，他一定得来接。

董小宝读书的中学离家远些，每天上午，董小宝骑着单车一路风驰电掣，赶到她的学校门口，总是满头大汗。然后她就牵住董小宝的衣襟再也不松开。她一声一声地叫着哥，不再哭闹和任性——小小的她从来就没有对他说过，从她知道父母真的不再回来的一刹那，她的内心就被一种恐惧填满，她害怕有一天董小宝也会离开她。

那种恐惧感，让一个六岁的小女孩变得乖巧顺从。可是她怎么都没想到，尽管如此，董小宝最终还是抛弃了她。

那天是周末，一大早，董小宝破天荒地用了半个多小时耐心地给她扎了两个小辫子，给她穿上不知道什么时候为她买的白色连衣裙。然后，他带她去了公园，并坐了她眼馋了许久的那个旋转木马。他还买了她爱吃的冰糕，把零食塞满她的小背包……

那天，巨大的幸福感让她丧失了一个孩子的警惕，她欢快地在那一天忘记了父母忘记了恐惧。吃饱了，玩累了，她趴在小宝的背上睡熟了。

可是，第二天早上醒来的时候，她躺在别人家的床上，而小宝，已经不见了。

那个她一直叫婶婶的邻居告诉她：小宝出去打工了，从此，她就和他们一起生活。虽然她知道叔叔婶婶是父母生前的好朋友，但是当她明白过来的时候，一种比失去父母时更大的绝望瞬间淹没了她小小的心——在给予了她一整天幸福的假象后，抛弃了她。她认定，她被小宝卖了。然后，他拿着卖她的钱跑了，不要她了。

知道小宝和父母一样不会再回来后，她迅速地接受了彻底被改变的生活。那种迅速，长大后她知道那是一种悲伤的妥协。

她主动学习做家务，洗自己的衣服；她知道这不是她的家，他们不是她的亲人，在小宝离去后，她已经彻底丧失了一切撒娇和任性的权利。她又有了一个哥哥，那男孩大她一岁，很顽皮，有时候会偷偷欺负她。

好在养父母是疼爱她的，会在她每一年长高的时候，为她添置新衣，好吃的也总会为她留下。她对他们，有爱，更多的是感激。可是成长，在年少的时光里，总是显得如此漫长。

养母又一次提起董小宝时，她已经十一岁，读小学四年级。

那天晚上，她帮着养母缠毛线，缠着缠着，养母忽然说："这些年了，你不想小宝？那时候他那么小，怎么养活你？"

她紧闭着嘴不说话。是的，她不想他。她想起来心里就是恨，恨的感觉很不好，她宁可不想。于是她说："妈，别说他。"

养母叹了口气，还想说几句，但她已经放下毛线转身进了自己的小屋。

没错，她恨他，她不怕跟着他过艰苦的日子，哪怕不读书，和他一起去讨饭。但是他击碎了她最后的幻想，带走了她对最后一个亲人的依赖——那是她来说彻底不留任何余地的摧毁。为此，她不能原谅。

十六岁，她以全校第一名的成绩考入高中，大她一岁的哥哥在读高二。

一年后，哥哥面临高考时，养父下岗了，在菜市场租了个摊位卖青菜。那天晚上，她做功课累了，到客厅喝水时，听见隔壁养父母的卧室里，哥对养母说："妈，我不管，反正我得上大学。"

“不行！小贝成绩比你好，她能考上好大学。”养父的声音不大，但是很坚决。

“哪有那么多钱供你们两个？”是养母的声音。

哥还在嘀咕着什么，她已经退回到自己的屋子。什么都不想再听，她在那一刻打定主意，让哥去上大学，她读完高中就出去找工作。在最后的亲人把她抛弃后，他们给她的，已经太多。她不想他们再为她付出更多。

可惜哥的高考成绩非常不理想，没考上大学，于是哥与养父关于复读的问题又开始争吵，但是养父的态度依然坚决——小贝必须上大学。

她同样坚决：“我不考，我决定了。”

正争执不下，养母从厨房走出来说：“小贝，你必须考，你知道吗？小宝已经给你攒够了学费，你必须上大学，别辜负了他，他不容易。”

她愣住了。

十一年后，她终于第一次让自己重新在记忆里寻回了董小宝这个名字。

养父母告诉她：当年，小宝自知一个十四岁的自己根本没有能力照顾六岁的妹妹，于是决定自己外出打工自食其力，而将妹妹托付给他们。他把房子卖了，将可怜的一点钱交给了养父母，他知道他们是好人，会好好照顾她爱护她。离家的那天清晨，他看着仍在熟睡中的妹妹流着眼泪郑重承诺：“婶，我一定会混出个人样来，那时候一定回来接妹妹！”

“从你读小学四年级开始，小宝他每个月都会寄钱来，我们都给你攒下了。是爸爸妈妈没本事，这些年，让你跟着我们受委屈了……”养母再也说不下去，握着她的手，哭了。

这些年他在哪里？如何生活？……她的心里一下被太多的问题噎得满满的，那些问题一点点填补着她心里那个深深的黑洞，随之而来的，是巨大的被亲人所爱的幸福感。原来小宝从来没有抛弃她，原来他一直在爱她，以她当年所无法理解的方式。

可是他为什么不回来看自己？他不是说过要来接自己吗？

钱，寄自广州，没有具体的地址。邮戳上的邮局地址甚至也是不固定的。她下定决心：一定要到广州找到他！

一年后，她考上了大学，去了那个有凤凰花的城市。可是，在偌大的广州找一个人，简直就是大海捞针。这期间，小宝依然将她的学费寄回老家。

大学毕业了，她留在了广州，找到了份推销保险的工作，为的就是利用一切机会寻找他。

就在她近乎绝望的时候，她竟然在网上看到了一组新闻照片：一个窄小的书报亭前，一个瘦弱的男子用嘴叼着工具，用仅有的一只手在修理自行车……当目光落在那个男子的面部特写上时，她有瞬间的眩晕感，进而血脉贲张——那不是董小宝是谁？！没错，他的目光依然那么清澈，他眉角上的神情依然那么清晰！

当她看完整篇新闻时几乎心痛得无法呼吸了：那个她恨了

十多年的董小宝，早就在十九岁时在建筑工地打工时就因机器操作失误失去了一只手，从此辗转街头，四处流浪，想方设法谋生：捡破烂，卖报纸，发广告传单……直到三年前开了这个简易的书报亭，一边卖书报，一边修理自行车，他乐观生活的唯一动力就是妹妹……

当她出现在董小宝的报刊亭前时，董小宝正忙着给一辆自行车换胎：嘴里叼着扳手，右手将车胎定位，锁紧，然后把扳手从口中交付给右手，这一切，董小宝做得相当熟练。细密的汗珠在他粗糙的脸上小河一样流淌着，却看不出他有任何愁苦。读着他脸上的淡定、从容，甚至隐约的笑意，她仿佛穿越时光隧道回到了十八年前，那个抱着她坐旋转木马的十四岁少年正向她缓慢走来。

“姑娘，你……”她良久的沉默引起了董小宝的疑惑，当他将询问的目光投向她时，他愣住了：眼前亭亭玉立一袭白色连衣裙的女孩正泪流满面凝视着他！

“你……你……”此刻，他的眼前迅速幻化出一个个在梦中无数次出现的白衣少女形象，渐渐放大……

“哥！我是小贝……”

Start everyday with a new hope, leave bad memories behind and have faith for a better tomorrow.

For You

Title/ 致独自一人在东京努力着的女儿

Author/ 新堂东树

Translator/ 濮芸

你还有可以回来的地方。感到疲惫的时候，随时都可以回家。

女儿：

还好么？有好好吃饭么？你总是吃那些零食，不好好吃蔬菜可不行啊。

从没想过会有给你写信的一天。

最近爸爸的身体不是很好，有时会突然头痛得厉害，站都站不起来。不过你不用担心，下周末我就会去诊所好好检查一下。

虽然心里明白，已经不年轻了，却也实在搞不清具体是身体的哪里出了问题。

所以为了以防万一，有些话想对真生说。

你主持的节目，我每个礼拜都一次不落地收听。

总是被真生的话语所激励，尽管爸爸是个不论是你离开关西上东京，还是偶尔回家都说不出一些好听话的没用老头，不过我真的为能有你这样一个向着实现梦想的道路努力迈进的女儿而感到由衷自豪。

只是最近，从你的话语中，感受不到霸气。有关烦恼的商谈，是不是开始以笑蒙混过去呢？虽然知道你也很忙，但你要知道有多少听众在期待着你的意见，有关这一点，重新思考看看吧。

如果你只是以随便玩玩的心情，以为做电台的工作只要自己开心就够了的话，现在就立刻回家吧。如果真的是这么想的，还是不要做这份工作的好。

这是你去世的母亲留下的话。

话说回来，真生你最近的节目，像这样继续可不行。

完全没有融入自己的感情。

这话出自比谁都仔细收听你节目的爸爸，一定不会有错的。

真生也是希望为某个人带来幸福，才坐在麦克风前的吧。

心里想着要将这份感情传递给某个人，才坐在直播室里的吧。

写了这么多字，右手又开始隐隐发麻了。爸爸要去睡了。

虽然感觉到最近你也在忙什么事，但是如果是要结婚的话，请一定要告诉爸爸。在没有看到你穿上嫁衣前，我还不想闭眼。

如果对方是个要你辞去工作才和你结婚的家伙的话，也一定要告诉我。我不论花多久时间都一定会说服他的。爸爸老了，也只能为你做这些事了。

最后，想要告诉真生，你还有可以回来的地方。感到疲惫的时候，随时都可以回家。

那么就写到这儿了，尽自己最大的努力去做，不论结果好与坏，只要尽力去做就够了。

然而若是心存迷惘的工作是不行的。再好好地调整一下心态吧。

相信自己，继续努力吧。

只不过，也要注意身体了。

爸爸

Nobody can go back and start a new beginning, but anyone can start today and make a new ending.

Sweater

Title/ **梅花毛线衣**

Author/ 毛汉珍

母亲曾对他说，一个人要像寒冬的腊梅，越是困苦，越要开出娇艳的花朵来。

十八岁那年，他因为行凶伤人，被判了六年。从他入狱那天起，就没人来看过他。母亲守寡，含辛茹苦地养大他，想不到他刚刚高中毕业，就发生这样的事情，让母亲伤透了心。他理解母亲，母亲有理由恨他。

入狱那年冬天，他收到了一件毛线衣，毛线衣的下角绣着一朵梅花，梅花上别着窄窄的纸条：好好改造，妈指望着你养老呢。这张纸条，让一向坚强的他泪流满面。这是母亲亲手织的毛线衣，一针一线，都是那么熟悉。母亲曾对他说，一个人要像寒冬的腊梅，越是困苦，越要开出娇艳的花朵来。

以后的四年里，母亲仍旧没来看过他，但每年冬天，她都寄来毛线衣，还有那张纸条。为了早一天出去，他努力改造，争取减刑。果然，就在第五个年头，他被提前释放了。

背着一个简单的包裹，里面是他所有的财物———五件毛线衣，他回到了家。家门挂着大锁，大锁已经生锈了。屋顶，也长出了一尺高的茅草。他感到疑惑，母亲去哪儿了？转身找到邻居，邻居诧异地看着他，问他不是还有一年才回来吗？他摇头，问："我妈呢？"

邻居低下头，说她走了。他的头上像响起一个炸雷，不可能！母亲才四十多岁，怎么会走了？冬天他还收到了她的毛线衣，看到了她留下的纸条。

邻居摇头，带他到祖坟。一个新堆出的土丘出现在他的眼前。他红着眼，脑子里一片空白。半晌，他问妈妈是怎么走的？邻居说因为他行凶伤人，母亲借了债替伤者治疗。他进监狱后，母亲便搬到离家两百多里的爆竹厂做工，常年不回来。那几件毛线衣，母亲怕他担心，总是托人带回家，由邻居转寄。就在去年春节，工厂加班加点生产爆竹，不慎失火。整个工厂爆炸，里面有十几个做工的外地人，还有来帮忙的老板全家人，都死了。其中，就有他的母亲。

邻居说着，叹了口气，说自己家里还有一件毛线衣呢，预备今年冬天给他寄出去。

在母亲的坟前，他捶胸顿足，痛哭不已。全都怪他，是他害死了母亲，他真是个不孝子！他真该下地狱！

第二天，他把老屋卖掉，背着装了六件毛线衣的包裹远走他乡，到外地闯荡。

时间过得很快，一晃四年过去了。他在城市立足，开一家小饭馆，不久，娶了一个朴实的女孩做妻子。

小饭馆的生意很好，因为物美价廉，因为他的谦和和妻子的热情。每天早晨，三四点钟他就早早起来去采购，直到天亮才把所需要的蔬菜、鲜肉拉回家。没有雇人手，两个人忙得像陀螺。因为缺乏睡眠，他的眼睛常常红红的。

不久，一个推着三轮车的老人来到他门前。她驼背，走路一跛一跛的，用手比划着，想为他提供蔬菜和鲜肉，绝对新鲜，价格还便宜。老人是个哑巴，脸上满是灰尘，额角和眼边的几块疤痕让她看上去面目丑陋。妻子不同意，因为那老人的样子，看上去实在不舒服。可他却不顾妻子的反对，答应下来。不知怎的，眼前的老人让他突然想起了母亲。

老人很讲信用，每次应他要求运来的蔬菜果然都是新鲜的。于是，每天早晨六点钟，满满一三轮车的菜准时送到他的饭馆门前。他偶尔也请老人吃碗面，老人吃得很慢，很享受的样子。他心里酸酸的，对老人说，她每天都可以在这儿吃碗面。老人笑了，一跛一跛地走过来。他看着她，不知怎的，又想起了母亲，突然有一种想哭的冲动。

一晃，两年又过去了，他的饭馆成了酒楼，他也有了一笔数目可观的积蓄，买了房子。可为他送菜的，依旧是那个老人。

又过了半个月，突然有一天，他在门前等了很久，却一直等不到老人。时间已经过了一个小时，老人还没有来。他没有她的联系方式，无奈，只好让工人去买菜。两小时后，工人拉回了菜，仔细看看，他心里有了疙瘩，显然这车菜远远比不上老人送的菜。老人送来的菜全经过精心挑选，几乎没有干叶子，棵棵都清爽。

只是，从那天后，老人再未出现。

春节就要到了，他包着饺子，突然对妻子说想给老人送去一碗，顺便看看她发生了什么事，为什么一个星期都没有送菜，这可是从没有过的事。妻子点头。

他拎着煮好的饺子，反复打听一个跛脚的送菜老人，终于在离他酒楼两个街道的胡同里，打听到她了。

他敲了半天门，无人应答。门虚掩着，他顺手推开。昏暗狭小的屋子里，老人在床上躺着，骨瘦如柴。老人看到他，诧异地睁大眼，想坐起来，却无能为力。他把饺子放到床边，问老人是不是病了。老人张张嘴，想说什么，却没说出来。他坐下来，开始打量这间小屋子。突然，墙上的几张照片让他吃惊地张大嘴巴——竟然是他和妈妈的合影！他五岁时，十岁时，十七岁时……墙角，一只用旧布包着的包袱，包袱皮上绣着一朵梅花。

他转过头，呆呆地看着老人，问她是谁。老人怔怔地，突然脱口而出：“儿啊。”

他彻底惊呆了！眼前的老人，不是哑巴？为他送了两年菜的老人，是他的母亲？

那沙哑的声音分明如此熟悉，不是他母亲又能是谁？他呆愣愣地，突然上前，一把抱住母亲，号啕痛哭，母子俩的眼泪沾到了一起。

不知哭了多久，他先抬起头，哽咽着说看到了母亲的坟，以为她去世了，所以才离开家。母亲擦擦眼泪，说是她让邻居这么做的。她做工的爆竹厂发生爆炸，她侥幸活下来，却毁了容，瘸了腿。看看自己的模样，想想儿子进过监狱，家里又穷，以后他一定连媳妇都娶不上。为了不拖累他，她想出了这个主意，说自己去世，让他远走他乡，在异地生根，娶妻生子。

得知他离开了家乡，她回到村子。辗转打听，才知道他来到了这个城市。她以捡破烂为生，寻找他四年，终于在这家小饭馆里找到他。她欣喜若狂，看着儿子忙碌，她又感到心痛。为了每天见到儿子，帮他减轻负担，她开始替他买菜，一买就是两年。可现在，她的腿脚不利索，下不了床了，所以，再不能为他送菜。

他眼眶里含着热泪，没等母亲说完，背起母亲拎起包袱就走。

他一直背着母亲。他不知道，自己的家离母亲的住处竟如此近。他走了不到二十分钟，就将母亲背回家里。

母亲在他的新居里住了三天。三天，她对他说了很多。她说他入狱那会儿，她差点儿去见他父亲。可想想儿子还没出狱，不能走，就又留了下来！他出了狱，她又想着儿子还没成家立业，还是不能走；看到儿子成了家，又想着还没见孙子，就又留了下来……她说这些时，脸上一直带着笑。他也跟母亲说了许多，但他始终没有告诉母亲，当年他之所以砍人，是因为有人污辱她，用最下流的语言。在这个世界上，怎样骂他打他，他都能忍受，但绝不能忍受有人污辱他的母亲！

三天后，她安然去世。医生看着悲恸欲绝的他，轻声说，“她的骨癌看上去得有十多年了。能活到现在，几乎是个奇迹。所以，你不用太伤心了。”

他呆呆地抬起头，母亲，居然患了骨癌？

打开那个包袱，里面整整齐齐地叠着崭新的毛线衣，有婴儿的，有妻子的，有自己的，一件又一件，每一件上都绣着一朵鲜红的梅花。

包袱最下面，是一张诊断书：骨癌。时间，是他入狱后的第二年。

他的手颤抖着，心里像插了把刀，一剜一剜地痛。

Eternal

Title/ 比生命更长的爱

Author/ 卫宣利

有一种爱，比生命更长久，哪怕有一天他的生命已经终结，他的宠爱和心疼仍会伴我一生——那就是世界上最深沉、最博大的父爱！

她对父亲的记忆，是从五岁开始的。那天晚上，父亲和母亲吵架，她被吵醒后睡眼惺忪地从自己的卧室里走出来，迎面飞来一只杯子，啪的一声，正打在她的额头上，鲜血顺着眼睛流下来。她还没哭，母亲就已经吓得大哭起来。父亲也慌了，愣了片刻，才醒悟过来，慌忙抱起她往医院跑。医院离家大约有十几公里的路程，父亲一路飞奔，不断有汗珠落在她的脸上。父亲不停地叫她的名字，声音温柔而急切。她故意不理父亲，身体软软地瘫在他温暖的怀里。父亲急得大叫：“丫丫，你别吓我啊！”她猛地用手攀住父亲的脖子，附在他的耳边轻声说：“爸爸，以后别再和妈妈吵架了，好吗？”父亲笑了，接着又哭了，说：“丫丫，以后不许再吓爸爸。”他的声音有些哽咽，说完后把她抱得更紧了。

从那以后，父亲果然再没有和母亲吵过架。

那年，她五岁，父亲三十五岁。

进入青春期，她长成了一个亭亭玉立的姑娘，课桌的抽屉里常常有男孩子偷偷放进去的字条。有一天，她匆匆忙忙地拿起书包上学，书包带突然断了，书本散落了一地。父亲蹲在地上帮她捡书，一张字条悠悠地从书里掉出来，上面写着：星期天一起去郊游，我等你。字条的主人，是她一直暗恋的那个男生。

父亲将字条拿在手里，看了又看。她脸红心跳，低眉垂眼不敢看他。父亲什么也没说，将字条折叠好，重新夹了进去。

星期天，她骑车跑了二十多公里，到郊外和那个男生约会。路上，天突然变了，电闪雷鸣，暴雨如注。她冒雨赶到约好的地点时，却发现空无一人。一个人站在荒郊野外，满腔的热情被雨水一点点冷却，失望和恐惧交织在一起，她终于忍不住哭了。突然，她听到一个熟悉的声音：“丫丫别怕，爸爸来了。”

从那以后，她再也没有对男同学动过心，她在心里发誓，以后找男朋友，一定要找个像父亲那样高大俊伟、坚实可靠的男人。

那年，她十四岁，父亲四十四岁。

那年夏天，她考上了县重点高中，父亲很高兴，带着她去参加面试。考短跑时，因为事先没有做好准备，她穿了一双破旧的凉鞋，没跑几步，鞋的后带就断了……她的体育得了零分。要知道，体育成绩不及格，文化课的分数再高，学校也不会录取的。

她泪汪汪地在人群中寻找父亲，却怎么也找不到。正在她万分懊恼时，父亲满头大汗地跑来了，手里拿着一双崭新的球鞋。他把鞋塞到她的手上，急切地说："我去找老师说说，让你再补考一次！"

她坐在地上换鞋，看到父亲疾步穿过人群，费力地挤到老师的面前，弯着腰，低着头，焦急地说着什么，她隐约听到了老师的呵斥声。那是八月底的一天，太阳炙热如火，她在远处默默地望着炙热的阳光下躬身低头的父亲，想象着他正满脸堆笑、无比谦恭地替她赔罪，心里忽然一阵疼痛，泪流满面。

下午的补考，她以全年级第一名的成绩过关。

那年，她十六岁，父亲四十六岁。

高二的暑假，她和同学一起出去玩，路上，她坐的那辆车和另一辆车相撞。父亲赶到医院时，她已经躺在手术室里。手术后再见到父亲时，她几乎认不出来：他的面容变得苍老而憔悴，一头黑发全变成了苍灰色，高大的身躯突然间就佝偻起来，一夜之间，他就老了十几岁。

医生断定她以后的日子将在床上度过。父亲没敢把这个结果告诉她，而是躲在厕所里抱着她的鞋号啕大哭，像个无助的孩子。

父亲在她的床前守了三个月，给她翻身，喂她吃饭，背着她到三楼扎针，到五楼检查，一步一步，汗水湿透了衣衫。

几个月后，她努力地想要站起来，可是瘫软的双腿根本就不听使唤，结果重重地跌倒在父亲的身上。

她绝望，伏在他身上歇斯底里地痛哭起来。他长叹一声，老泪纵横。

那年，她十七岁，父亲四十七岁。

她的脾气变得格外暴躁，只因妹妹穿了她以前穿过的裙子，便不依不饶，掀翻了桌子，顺手操起一个酒瓶便往妹妹身上砸去。父亲把妹妹挡在身后，酒瓶结结实实地砸在他的胳膊上，锋利的玻璃片划破了他的皮肉，血一下子就流了出来。父亲的手高高地抬起，她闭上眼睛，歇斯底里地喊："打吧打吧，打死才好，我这样活着还有什么意思！"他的巴掌并没有落下来，而是狠狠地跺了一下脚，冲她怒吼："你还要闹到什么时候？你瞧你那点儿出息！"

那天晚上，她辗转不眠。父亲在窗外拉了一夜的二胡，他把所有的愁绪都融进了曲子里，拉得凄切悲凉。她在父亲的哀伤里喟然落泪，分明看到他那颗被辜负了的心在流血。

第二天吃早饭的时候，她对父亲说："爸，到图书馆给我

办个借书证吧；”父亲看着她，手明显地颤抖了一下，夹的菜掉在了桌子上。

从此，每天午后，在通往图书馆的那条路上，常常看到一个中年男人推着一个坐着轮椅的女孩。有时候，女孩兴致勃勃地讲书里的故事，男人听着，安详地笑；有时候，男人会停下来，跑到路边的小花坛里，偷偷折一枝白玉兰送给女孩。

她的第一篇文章发表在市报上。父亲跑到报摊处，买光了当天所有的报纸，然后傻呵呵地站在街上，见人就发一份，重复着一句话：“今天的报纸上，有我女儿的文章。”她远远地看着，泪水又一次模糊了双眼。

那天，父亲做了一桌子的好菜，还喝了酒。那是她病愈后父亲第一次喝酒，他醉了。醉意中，父亲抓住她的手，语无伦次地说：“丫丫，你是爸爸的骄傲。你不知道，爸爸当初有多担心你！”他趴在桌子上，像个孩子似的，呜呜地哭了。她轻轻用手抚过父亲满头的银发，那每一根发丝上，都写着一个父亲的煎熬和挣扎、担忧与呵护。她的泪水潸然而下。

那年，她二十三岁，父亲五十三岁。

她恋爱了。对方是个小学老师，脾气很好，人也很细心。父亲看着那个男人给她洗脸梳头，给她买书买零食，背她上下楼，这才放心地把轮椅交到他的手上。

她出嫁的那天，按照当地的习俗，是应该由父亲抱她上车的，可她却到处找不到父亲。她很想跪在地上给父亲磕个头，认认真真地跟他说一声：“爸，我走了。”可是，父亲并不给她这样的机会。

当婚车从父亲给她折白玉兰的小花坛旁经过时，她突然看见父亲在台阶上蹲着，目光空洞地看着来往的车辆和行人，脸上老泪纵横。车走得很快，父亲的身影越来越远、越来越小，她的泪一滴滴落在洁白的婚纱上。

后来，妹妹告诉她，她走后，父亲一直躲在她的房间里抽烟，好一阵子都精神恍惚，总把妹妹的名字叫成她的名字。

那年，她二十六岁，父亲五十六岁。

结婚第二年，她怀孕了。她的身体状况是不允许生孩子的，丈夫和母亲轮番劝说，她不为所动。于是母亲便搬来了父亲，父亲看着她说：“丫丫，你自己要当心啊！”

她的妊娠反应很厉害，父亲便住在她家里，买了相关的书，一天到晚研究怎样吃对她好、对孩子好。八个月来，她被父亲养得面色红润，姣美如花。

临产时，医生说要剖宫产，让丈夫在手术单上签字。父亲一再叮嘱医生：“如有意外，一定保大人。”夜里，父亲说什么也不肯回去，就在产房外面的长椅上坐着。凌晨三点，终于听到婴儿响亮的哭声。护士出来说：“是个女孩儿，母女平安。”父亲激动地在走廊里搓着手来回地走，但只走了两圈就晕倒了。

那年，她二十八岁，父亲五十八岁。

爱一个人，究竟能爱多久？

张小娴说：我们能够爱一个人比他的生命更长久，却不可能比自己的生命更长久。我们爱的人死了，我们仍然能够永远爱他，但是只能够爱到我们自己生命终结的时候。

可她却想说："不，不是这样的。有一种爱，比生命更长久，哪怕有一天他的生命已经终结，他的宠爱和心疼仍会伴我一生——那就是世界上最深沉、最博大的父爱！

Believe in yourself and all that you are. Know that there is something inside you that is greater than any obstacle.

Spring

Title/ 每一朵花都不会错过春天

Author/ 凡属

妈妈说过，每一朵花都不会错过春天。

七月，适合乘凉。

阳光下许多美丽的花儿显得格外灿烂，灿烂得有点耀眼。

在一颗葡萄树下，一位寡妇正弯着腰在熬着草药，药味几乎弥漫了整个小村庄。

那位寡妇的家离飞机场很近，安静的时候，总会听见飞机起飞的轰鸣声，随着它的渐飞渐远，然后慢慢地消失不见。

寡妇的丈夫出了车祸不幸死亡，此后，寡妇的精神便有些恍惚，时不时拿起瓶瓶罐罐四处乱扔，街坊邻居都知道此事，早已见怪不怪了。偶尔有一些不知情的人们，看到后便拥上来围观，指手画脚的，让人感觉很不是滋味。她就那样疯着、闹着，直到警察来了把她带回家。

她有时很正常，她总喜欢在葡萄树下静静地坐着，扇动着那残破不堪的蒲扇，苍白的头发没有一丝活力。别人给她取了一个外号叫“疯婆子”。今年，她才二十九岁。

“妈妈，妈妈！我回来了！”一位背着书包的女孩兴高采烈跑到了葡萄树下，走到了“疯婆子”身旁，手里卷握着一张“第一名”的奖状，开开心心的像朵小花儿。

那是寡妇的女儿，今年她才十二岁，正在读小学。

她把奖状递给了妈妈说：“妈妈，快看，我考试得了第一名了！”突然，她妈妈发疯似的站了起来，揪起凳子就往地上摔，不小心把熬的药弄倒了，那滚烫的药水洒到了小女孩纯白的脸蛋上。顿时一声惨叫，接着就是一阵大哭，小女孩哭得似乎比飞机起飞的轰鸣声还要响。

熬药的味道还沉浸在当时的气氛当中，可是悲剧终究发生了。

“‘疯婆子’又发疯啦！”许多小孩儿嚷道。

随后，街坊邻居把她送到了附近一家医院抢救……幸好，并无大碍。可是，如花般的小女孩的半张脸却被滚烫的药水给毁了，凹凸不平的疤痕像一根根针一样刺向她的内心。

小女孩再也没和妈妈同住，她住到了叔叔家里。随着时光的流逝，她逐渐地接受了那个残酷的现实。她脸上总是裹着一层乌黑的面纱，不想让任何人看见那个疼痛的明显的伤疤。顺

便也安慰了下自己，她就好像一朵没叶子的花儿，显得十分孤僻。

就这样，许多年过去了。

她凭自己的能力考上了名牌大学，在学校的美好时光似乎减轻了她的许多疼痛。过去的许多，她没再提起，也没再去想过。她可以天天和同学们一起打着羽毛球，在广阔的草地上踢着足球，放着风筝，吹着风，唱着歌。可是，她还是一如既往地裹着那乌黑的面纱。无论天气多么炎热，她从未取下过。

她似乎早已忘却她还有一个妈妈，每次的家长会，她都是独自一人躲在宿舍里沉默，有时一待就是好半天。

她恨妈妈把她的脸弄成这样，以至于她不能很自然地在讲台上发表演讲，不可以和别的女孩一样谈场浪漫的恋爱，不可以在游泳池尽情的嬉戏。

她恨透她了。

又是许多年过去了，大学毕业后她找到一份好工作，收入也很高，生活过得很富裕。即使是这样，她也从未向自己家里寄过一分钱。

一天，她收到了一封信，拆开来里面是一千五百元钱还有一张泛黄的草纸，里面写着：

亲爱的女儿：

妈妈对不起你，妈妈不能让你快乐，妈妈不是故意的，希望你能原谅妈妈。可是你要知道，每一朵花都不会错过春天的，你在妈妈心里永远是最美的花儿！在外面工作很辛苦，要多注意安全，不知这些钱够不够你用，不够告诉妈，妈回头再寄点给你。你自己要过得好，不用回来，妈过得很好。

她伤心地取下面纱，热泪盈眶。看着那一叠陈旧的钞票，她知道，妈妈在家里没什么收入，全是靠捡破烂维持生活的，这是十几年她为了我……她不想再想下去，她决定回家看她。

一个月以后，她处理完工作上的事，买好了车票回了家。

到家以后，她发现屋里空无一人。门前的那颗葡萄树早已枯死，只剩下几根干枯的枝干。屋里的桌凳上都积漫了岁月的尘埃。妈妈房间里，她的相片还摆在那里，只是早已被重岩叠嶂的蜘蛛丝给覆盖了。

邻居告诉她："你的妈妈在上个星期因病逝世了，死时候不停念叨着你的名儿呢！她想你，可是不忍心打扰你，含泪走了……"

"妈！女儿错了！女儿不该这样对你！"她一下跪在了地上大声叫着。

可是妈妈再也回不来了，妈妈已经变成一朵花，在遥远的天堂盛开着，在那里开着花。

每一年的这个时候，她都会回到自己的家乡，捧着鲜花来到妈妈的坟前。她希望妈妈每天都可以看见最美的花儿，而那花儿就像她自己一样！

此后，她再也没有裹上面纱。

她开始勇敢地面对着生活，就像美丽的花儿一样，无论寒

冬腊月，它都不会错过春天的绽放。她知道，妈妈在那边看到她这样一定会很高兴的。

因为妈妈说过，每一朵花都不会错过春天。

The best things in
life are worth waiting
for, fighting for,
believing in, and just
never letting go.

Happiness

Title/ 亲情在前，幸福在后

Author/ 佚名

亲情不是不在，而是隐藏在角落里，当它破土而出的时候，很快就会长成参天大树。

决 绝

他恨他。虽然，他是他的父亲。父亲算什么？十三岁的夏天，他因为肚子痛，提前回了家，母亲出差了，打开门的刹那，他看到一双粉色高跟鞋，而母亲是从来不穿高跟鞋的。

父亲的隐情暴露了。

那时，他哭着跑下楼，给远方出差的母亲打电话。

不到一个月，父母离婚。

父亲在离婚那天狠狠打了他，骂他败家星。如果不是他，父亲是不会和母亲离婚的。母亲是优雅的女人，父亲只是一时糊涂。可是，母亲不能原谅，不要有了瑕疵的婚姻。

母亲在离婚后大病一场，之后，总是精神恍惚。后来，他才明白，有些事情是不能说出来的。如果他不说，那么，也许父母还会好好地过下去，他也不会是单亲家庭的孩子，受到同学的歧视；而母亲也不会突然出了车祸，所有的负担一下子落到他的头上。

虽然有父亲给的微薄抚养费，可是，母亲不要。母亲说，如果你要了，就不是我儿子。

那时父亲还是一个机关里的公务员，后来他下海了，成了这个城市有名的有钱人。但母亲一样坚持不要他的钱。于是，他只有去打工。

父亲开着奔驰从他身边经过时，一次次下来，把钱递给他。

他恨这个男人。如果不是他出轨，自己怎么会变成这样？

是的，他有钱，可那是他的事情。

他与母亲相依为命，拒绝着他的每一分钱，他认为，那是一个小男子汉应该做的。那时，他不过十七岁。

母亲哭的时候，他把肩膀递过去，然后安慰她，说总会过去的。后来父亲又娶了新妻子，年轻美貌。

母亲去世后，父亲找到了他，因为，他是他唯一的儿子。

回来吧，父亲说，你是我的儿子。

他冷眼看着父亲，不，我不是。

四年大学，他靠助学贷款，又打了好多工，终于熬过来了。

是的，他不原谅。

四年，他没有再回小城。

而父亲是越来越有钱了，还放出话来，穷死他，我一分钱也不会留给他。他冷笑着，我一分钱也不会要他的，钱是个屁！他骂了粗话。

唯一的亲人

毕业后，他留在北京一家外企，但心中充满了恨，觉得整个世界亏欠自己。

二十四岁这年，他得了一场病。

有人说，人得病时，最思念亲人。母亲没有了，他只有父亲。

他以为自己不会想到父亲，但医生问谁是家属时，他还是吓了一跳，这才知道自己的病很严重，也许明天就死了呢。

那是第一次，他打电话给父亲。父亲很激动，声音都变了调。

小刚，小刚……父亲叫着他的小名。他却一直冷漠，我得了病，也许活不了多久了，如果你有时间就来一趟，没有就算了。我想了想，你是这世上我唯一的亲人了。

父亲晚上就到了。坐最早的飞机，直奔病房。见了他，就抱住他哭，毕竟，他是他唯一的儿子。

可他一直很冷静，甚至，身体里都没有温度。

那么成功的男人，一直拉着他的手哭。他看到，这个他恨的男人老了，头发白了，眼睛也有些浑浊，而且，手一直哆嗦着。

冷漠之下是脆弱

父亲一直陪着他，给他端屎端尿，还好，手术很成功。那天他醒了才发现，父亲趴在他的床上，还抱着他的脚，白了的头发有几丝乱。这是那个英姿勃发的男人吗？当年，他多好看啊。

醒了？父亲问他。

是。你为什么抱着我的脚？

我怕你醒了我不知道啊。

他的眼泪要掉，可脸上还是不动声色的冷漠。不过，冰山一角已开始融化。

父亲走的时候，他送他到机场。

父亲都不敢给他钱，怕他拒绝。临上飞机前，父亲给他买了一大包德芙巧克力，他说，你小时候就爱吃巧克力，那时候家里没钱，都买些最便宜的。

飞机起飞的时候，他的眼泪终于掉了下来。他觉得父亲的爱来得太晚了，他怕爱不起来了。

记得他的名字

那包巧克力，他一直没舍得吃。直到过了夏天，巧克力都变了形，摊在抽屉里，他依旧没舍得吃。

后来的一天，他接到继母的电话，说他的父亲中风了。他愣了一下，买了飞机票往回赶，心怦怦乱跳。

他一直以为自己恨父亲，恨不得他死。看到父亲的一瞬，

他知道，真的晚了。

父亲昏迷，根本意识不清。

几天几夜，他守着。可是，父亲一直昏迷。

继母给他看了一份遗嘱，他的眼泪一下就掉了下来。遗产的一半，父亲给了他。他决定辞职，回父亲的公司打理一切，是的，他是男人，应该负起这个责任。

父亲的命保住了，可是，一直痴傻，手脚都不会动，就会傻乐。他闲时会看着父亲，看他傻笑。

有一天吃饭，他指着一个像巧克力的东西说，让小刚吃，让小刚吃。所有人都呆了。父亲记得他的名字，父亲只记得他的名字！

他结婚了，和大家一起生活，这种家庭的温暖总让他想掉眼泪。是的，他才知道，亲情这么好。更多的时候，他会陪着父亲，推着他，和他讲公司的事情，讲自己这么多年的事情。虽然父亲仍然傻乐，仍然认不出他，可是父亲叫他小刚的时候，他都会掉眼泪。

原来，亲情不是不在，而是隐藏在角落里，当它破土而出的时候，很快就会长成参天大树。他也刚刚明白，只要亲情在前面，幸福就会在后面，紧紧相随。

Not enjoyment, and not sorrow, is our destined end or way; but to act, that each tomorrow. Find us farther than today.

Home

Title/ 我们是春天里最幸福的鼹鼠

Author/ 华丽

他没有说话，我们两个就那样静静地坐着，在春天里，阳台上。房里传来爸妈的声音，“快，洗洗手吃饭了。”

年初，哥回了一次家，放下礼物，给父母磕了个头就匆匆忙忙走了。

几乎每年都是这样，他有忙不完的生意，在外面挣了钱，却总是得不到父母的欢心。

他一直不学好，中学时辍学，打架，当胡同混混，硬着头皮挑战整条街上的老大，结果被人追到家里来。父亲好言相慰，又拿出一笔钱赔给了别人，这才算了结。

那次之后，他更加张狂起来，四处流浪，说是做生意，找资源。

他的生意还真的渐渐做了起来，从倒卖服装开始，然后做得越来越大。

和别人合伙开饭店，经营得好时，常兴冲冲地买了各种补品回家，放在桌上。爸妈埋怨他乱花钱，他大大咧咧地说："您儿子有钱，就多享受呗。"

他张狂却孝敬，像一颗春天的种子，根往泥土里扎，叶子却猛冲向天空。

有很多人喜欢他，其中就包括未来的嫂子。那样温婉的女孩，在他的身边如小鸟一样。她的到来，让爸妈终于有了笑容。她不多话，却是仅仅一个笑容，就让妈妈的脸上乐开了花。

爸妈告诉我一个重要的决定，要把现在居住的老屋卖掉。

我吓了一跳，卖掉爸妈住哪里？

爸叹了口气，说："你哥遇到困难了，我也是听他一个朋友说的，投资的商业城资金链断了，开不了业，银行见势不好就想收回贷款。他现在是到处借钱，还差几十万，事情到这一步了，咱不帮他，就没人帮了。"

我无意见。只是我见他上次过来时，还笑嘻嘻的，手里提着两瓶酒，随手扔在桌上，说："朋友送的，给爸尝尝。"丝毫没有困难的模样。

后来的后来，我不知道爸妈怎么把钱给了哥，只觉得他又风光了起来。

可是私下里，他却很严肃地告诉我："小妹，你陪在爸妈

身边，他们两个身体都不好，你要多留个心，不要让爸吃太过油腻的东西。有些事请个钟点工，不能让妈在那里忙前忙后，这个钱哥可以出。”

那天他偶然回家，看到父亲正在费力地将那些碎煤一点点和成泥，然后用手工煤球机做出一个个煤球。春天已有些暖，父亲脸上渗出细细的汗珠。

而他，不知道哪里发了神经，夺过煤球机扔在了一边，嚷嚷着，说：“不让你们干你们还干，闪着腰了怎么办？怎么只看小不看大，说过多少次了……”

只不过这一次，他的孝敬却是以不欢而散告终。爸气呼呼地站在阳台上骂他，骂得他一点脾气也没有，最后一摔门就走了，还丢下一句“再也不管你们了！”

可该管还得管，他四处给爸妈找新房子。他天真地以为，父母卖了房子，真的是想要再换一个好一点的居住环境。

哥迷上赌博的那两个月，我整天就听到爸妈的叹息声。他很少回家，给他打电话，也是听到一片哗啦哗啦的麻将声。

那晚渴醒，起来接水，意外地发现爸坐在客厅里发呆。我不知道天下有多少父母会日夜为孩子担心，那一刻，我有些哽咽。我说：“爸，回去睡吧，我回头找找哥。”

找到他时，他正在豪赌。看到我，还很有兴致地和别人介绍：“这是我小妹，学习好，聪明漂亮。”

我拉起他就走。他恼，甩手挣开，我再拉，然后对他说：

“你知道爸都多少天没有睡一个好觉了？你知道昨天出什么事了吗？”

他怔了一下，回过头对着那些诧异的朋友尴尬地笑，说：“家里有点儿事，我先走一步，一会儿就回，一会儿就回。”

出了门，他比我走得还快，紧张得不得了，连声问我：“怎么了，怎么了？”

我告诉他昨天爸没睡觉，坐在沙发上唉声叹气到很晚。他定定地看着我，站住了脚步，突然间，他就笑了起来。这笑里有欣慰，还有很多说不出来的东西。

后来，哥就真的戒了赌，他对那些赌友说，不能让家人担心。

他给我讲百善孝为先的道理。给我讲那一次谈合同，正值推杯换盏之时，突然间妈妈打来电话，说爸身体不怎么舒服，他扔下杯子，匆匆忙忙就回家了。他的合伙人还埋怨他把对方晾在了那里，本来希望就不大的事情，肯定泡了汤。但没想到，那次的合作相当成功，对方总经理说了句话：“百善孝为先。”

我疑惑地看着他。在重利轻别离的商场中，这些真的有用吗？

他笑笑，拍拍我的头，等你大了就明白了。人越往前走，就越相信真情的力量。

终于找到了一所大房子，哥毫不犹豫地帮父母买了下来。

新房搬家时，他找了一帮朋友，开着车把父母的老家具都搬了过去。他已经懂得父母对这些旧家具的爱惜，所以才放弃

了说服父母用新家具的念头。

搬完家聚餐，哥坚持在家里吃饭。他在饭店里订了菜，让服务员送到家里来，说刚搬新家，聚聚人气。于是一帮男人挤了又挤，在餐厅那里喝酒。爸妈不喝酒，菜又不用做，吃好了坐在了一边；我则欢喜地看着自己的新卧室，想着东西应该如何摆放。

出门时，吓了一跳。我看到哥在哭，先是小声，后来大声，当着一群朋友的面哭得稀里哗啦，朋友中也有抹眼泪的。

哭完了，他抹抹脸。一米八几的男人，端了杯酒，小心地走到爸妈面前，跪下去，恭敬地把酒喝完。

爸有些慌，似乎不太适应这种突如其来的、如电视剧中一样的场面，连说："干什么，别这样，弄得跟梁山结义一样。"爸也形容不当，我看到哥的那一帮朋友都笑起来，但这笑是温暖的、善意的。

原来是那个朋友不小心，酒后说出了那笔钱的真相。当时哥正在豪饮，还在为给爸妈买了一套房子而得意，听到这话，忽地就怔了，然后，两行眼泪就慢慢流了出来。

哥对我说："小妹，你知道河流为什么那么有力量吗？"

我摇摇头。

他像个诗人那样说："因为它想快点儿回到母亲的怀抱。"

他又问我："那你知道大海为什么那么平静吗？"

他继续说："因为大海知道自己是河流的归宿，能永远以最大的胸怀接纳它，把最无私最丰富的资源给河流。”

我白他一眼：“你什么时候学写散文诗了？”

他没有说话，我们两个就那样静静地坐着，在春天里，阳台上。房里传来爸妈的声音：“快，洗洗手吃饭了！”

请联系我们!

因本书部分稿件来自网友选送，故未能与一些文章的作者及时取得联系。

希望原文作者看到本书后尽快与我们联系，我们将奉上稿酬，以表感谢。（稿酬为 50 元 / 千字）

作者可将确认信件发送至我们的邮箱：wanrongbook@163.com

来信请注明“真情树”字样。